AF619763

BIBLIOTHÈQUE
DE L'ÉCOLE

DES HAUTES ÉTUDES

PUBLIÉE SOUS LES AUSPICES
DU MINISTÈRE DE L'INSTRUCTION PUBLIQUE

SCIENCES HISTORIQUES ET PHILOLOGIQUES

DEUX CENT TRENTE-DEUXIÈME FASCICULE

LA PÉNÉTRATION DU FRANÇAIS DANS LES PARLERS DES VOSGES MÉRIDIONALES

PAR

OSCAR BLOCH
ÉLÈVE DIPLÔMÉ DE L'ÉCOLE PRATIQUE DES HAUTES ÉTUDES
DOCTEUR ÈS LETTRES
PROFESSEUR AU LYCÉE BUFFON

PARIS
LIBRAIRIE ANCIENNE HONORÉ CHAMPION
ÉDOUARD CHAMPION
5, QUAI MALAQUAIS (6e)

1921
Tous droits réservés.

LA PÉNÉTRATION DU FRANÇAIS

DANS LES

PARLERS DES VOSGES MÉRIDIONALES

MACON, PROTAT FRÈRES, IMPRIMEURS.

LA

PÉNÉTRATION DU FRANÇAIS

DANS LES

PARLERS DES VOSGES MÉRIDIONALES

PAR

Oscar BLOCH

ÉLÈVE DIPLÔMÉ DE L'ÉCOLE PRATIQUE DES HAUTES ÉTUDES
DOCTEUR ÈS LETTRES
PROFESSEUR AU LYCÉE BUFFON

PARIS
LIBRAIRIE ANCIENNE HONORÉ CHAMPION
ÉDOUARD CHAMPION
5, QUAI MALAQUAIS (6e)

1921

Cet ouvrage forme le fascicule n° 232 de la Bibliothèque de l'École des Hautes Études.

Sur l'avis de M. Jules GILLIÉRON, directeur d'études de dialectologie de la Gaule romane, et de MM. Antoine MEILLET et Mario ROQUES, commissaires responsables, le présent mémoire a valu à M. Oscar BLOCH le titre d'*élève diplômé de la Section d'histoire et de philologie de l'École pratique des Hautes Études*.

Paris, le 9 novembre 1919.

Le Directeur de la Conférence,
Signé : GILLIÉRON.

Le Président de la Section,
Signé : L. HAVET.

Les Commissaires responsables,
Signé : A. MEILLET,
M. ROQUES.

INTRODUCTION

Parmi les problèmes que soulèvent les parlers français, un des plus importants, le principal peut-être, est celui des relations de ces parlers avec la langue commune.

Celle-ci, en raison de son immense supériorité sociale, refoule depuis des siècles les autres parlers avec lesquelles le se trouve en concurrence et, peu à peu, elle a réduit à l'état de parlers locaux ceux qui ont échappé à la destruction. Si cette lutte, qui a sans doute différé d'intensité à chaque époque et dans chaque région, a donné lieu à de nombreuses observations de détail, elle n'a pas été, du moins à notre connaissance, l'objet d'études d'ensemble. C'est pourquoi M. Brunot, dans son *Histoire de la Langue française*, A. Colin, Paris, 1913 sq., n'a pu lui consacrer que quelques pages, cf. t. I, pp. 328-331, t. III, pp. 719-721. On peut trouver en outre quelques indications pour l'époque ancienne dans Meyer-Lübke, *Historische Grammatik der französischen Sprache*, Winter, Heidelberg, 1913, §§ 9-12, et dans Schwan-Behrens, *Grammaire de l'ancien français*, traduction O. Bloch, Leipzig, Reisland, 1913, §§ 7, 8 et pp. 268-270.

Aujourd'hui l'expansion du français est plus puissante que jamais; de plus en plus il pénètre les patois et tend à se substituer à eux. Mais si ce fait et ses causes, entre autres l'instruction obligatoire, la presse, le service militaire, le développement des communications, le renouvellement des techniques, l'infiltration des mœurs citadines, sont bien connus, il est d'un haut intérêt linguistique d'examiner comment s'opèrent cette pénétration et cette substitution. C'est ce qu'on se propose précisément d'étudier ici dans les parlers des vingt-deux communes contiguës qui occupent l'extrême sud du département des Vosges, dans l'arrondissement de Remiremont.

Bien que tous les renseignements utiles sur ces localités se trouvent dans mes trois ouvrages : *Les Parlers des Vosges Méridionales*, Champion, Paris, 1917, *Atlas Linguistique*... id., id., *Lexique Français-Patois*..., id., 1915 [1], il ne sera pas superflu de rappeler ici les noms de ces localités, leur situation et les numéros par lesquels elles y sont désignées, cf. aussi la carte ci-contre. La ville de Remiremont, 11. qui est le centre le plus important de la région, est entourée par Le Val-d'Ajol, 12, au Sud, Bellefontaine, 13, au Sud-Ouest, Saint-Nabord, 14, à l'Ouest et Saint-Etienne, 15, au Nord. A l'Est débouchent les deux vallées convergentes et presque parallèles de la Haute-Moselle et de la Moselotte, qui se développent de l'Est à l'Ouest et qui contiennent la première dix, la seconde sept communes : ce sont, en allant d'amont en aval, d'une part Bussang, 1, Saint-Maurice, 2, Fresse, 3, Le Thillot, 4, Le Ménil, 5, Ramonchamp, 6, Ferdrupt, 7, Rupt, 8 (le hameau linguistiquement important de Maxonchamp est signalé par le numéro 8'), Vecoux, 9, Dommartin, 10, d'autre part La Bresse, 22, Ventron, 21, Corinmont, 20, Saulxures, 19, Thiéfosse, 18, Vagney, 17, Saint-Amé, 16.

L'action que le français exerce sur le patois est double : elle peut être directe ou indirecte. Par l'action directe, qu'on peut appeler aussi interne, le français pénètre le patois par la voie des emprunts ; par l'action indirecte ou externe, il se substitue à lui. Au point de vue linguistique c'est l'action directe qui est la plus intéressante : c'est elle aussi qui est surtout considérée ici. Quant à l'action indirecte, s'il est vrai que je ne possède pas les renseignements statistiques qu'exigerait une étude minutieuse, il n'est pas inutile d'en examiner au moins les traits généraux.

1. Dans le cours de cette étude ces ouvrages sont désignés par les abréviations : *Les Parlers*, *Atlas*, *Lex.* Je renvoie aux cartes de l'*Atlas* par la lettre c. suivie de leur numéro d'ordre. Les mots cités sans référence se trouvent dans le *Lexique*. On trouvera aussi dans *Les Parlers*, p. XIX, la bibliographie des ouvrages le plus souvent cités. On y ajoutera le travail capital de M. Gilliéron, *Généalogie des mots qui désignent l'abeille*, Champion, Paris, 1918.

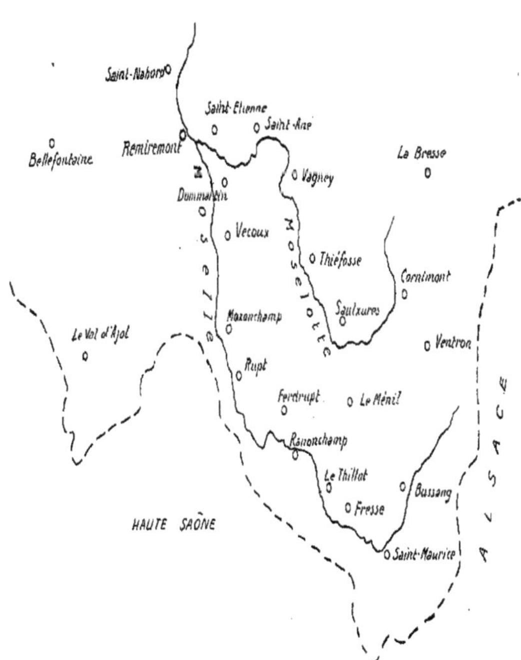

Saint-Etienne
Remiremont
Bellefontaine
La Bresse
Vagney
Vecoux
Moselotte
Thiéfosse
Cornimont
Saulxures
Moselle
Maxonchamp
Le Val d'Ajol
Ventron
Rupt
Ferdrupt
Le Ménil
ALSACE
Le Thillot
Bussang
Fresse
HAUTE SAÔNE
Saint-Maurice

On sait qu'actuellement le patois, sauf dans les régions méridionales de la France, est usité à peu près exclusivement par la classe populaire et surtout par les paysans. Il en est naturellement de même dans les Vosges : le patois n'y est parlé couramment que par les paysans et un certain nombre d'ouvriers indigènes. Parmi les bourgeois, seuls ceux qui sont originaires du pays et partiellement les commerçants le comprennent bien et le pratiquent plus ou moins et d'une façon souvent peu correcte ; encore n'y ont-ils recours que dans leurs relations avec les paysans et ceux des ouvriers qui conservent l'habitude de le parler ; entre eux, jamais ils ne conversent en patois que par plaisanterie. Au Thillot, qui est le centre le plus important de la vallée de la Haute-Moselle, on l'entend peu, et à Remiremont la poussée du français a été telle qu'il n'existe pour ainsi dire plus de patoisants originaires du lieu et en connaissant le parler. C'est avec la plus grande peine que j'ai pu en trouver quelques-uns, si bien qu'en réalité on n'a plus affaire, dans cette ville, qu'à des parlers individuels. Cette situation est, on le sait, celle des villes et des grands centres de toute la moitié septentrionale de la France, et j'ai pu le constater, par exemple, à Besançon, qui est cependant entouré de villages où le patois est encore très usité.

Dans le milieu paysan, le prestige croissant du français atteint également la vitalité du patois. Le nombre des patoisants adultes qui ne comprennent pas le français ou qui le comprennent sans savoir le parler est infime : il se réduit à quelques vieilles gens, des femmes surtout, habitant presque toutes des fermes isolées dans la montagne. Je me rappelle cependant avoir connu dans mon enfance, vers 1887, une vieille femme qui habitait le centre même du Thillot et vivait avec son fils menuisier, et qui ne parlait que le patois. On trouverait sans doute encore quelques cas semblables dans les communes reculées de La Bresse et de Ventron. Je me suis enquis, en 1910, auprès des instituteurs, du nombre d'enfants qui ne pratiquent que le patois quand ils commencent à fréquenter l'école ; je n'ai reçu que quelques réponses à mon questionnaire. A Cornimont, à Saint-Nabord et à Saint-Amé, il n'y en aurait plus ; au Thillot, dont j'ai fréquenté l'école maternelle et l'école primaire de 1880 à

1890, je n'ai pas le souvenir d'en avoir connu, et cependant le nombre des enfants venant des hameaux et de la montagne était important. Mais à Saint-Maurice « quelques enfants, venant des fermes isolées, arrivent à l'école en ne parlant que le patois: la proportion n'atteint pas plus de 2 °/₀ ». Même indication et même proportion à Fresse, mais à Ventron cette proportion serait de 1/5, ce qui paraît bien fort, même en tenant compte de la situation du village. Au Ménil il y a eu en 1908 un petit garçon qui ne savait pas le français, en 1909 deux sœurs sont venues à l'école dans les mêmes conditions : tous trois étaient de la montagne des Dessus du Ménil. A Dommartin « il nous arrive de ces enfants, ceux qui viennent des hauts, 2 ou 3 garçons, autant de filles, ceux surtout qui sont élevés par les grands-parents. Leur nombre diminue. » Mon témoin de Thiéfosse, qui avait 55 ans en 1909, me citait en riant les réponses que faisait à l'instituteur un enfant qui ne savait pas parler français, ce qui prouve que le fait ne devait pas être fréquent, même vers 1865.

Au point de vue de l'usage du patois, les instituteurs des communes citées ci-dessus, sauf ceux de Cornimont et de Saint-Amé, signalent que les enfants de paysans le parlent encore volontiers entre eux. Mais cependant, d'après mes propres observations, l'habitude la plus répandue dans la grande majorité des familles est de parler français aux enfants. D'autre part, s'il ressort de ces indications que les jeunes générations sont encore assez bonnes patoisantes, les jeunes gens montrent peu de goût pour la pratique du patois: ils le parlent très peu et, si presque tous le comprennent, beaucoup en perdent l'usage courant et le possèdent d'une façon incertaine. En somme, le patois n'est actuellement usuel que chez les représentants des générations nées avant 1880 environ, et chez ceux-là même, nombreux sont ceux qui avouent nettement le sentiment que le patois est un parler inférieur: le témoin e de Maxonchamp n'allait-il pas jusqu'à dire que « ça devrait être défendu » ?

Un autre phénomène social de date récente a contribué à diminuer la vitalité du patois dans le milieu paysan lui-même. Dans toute la région le développement de l'industrie cotonnière a été considérable : toutes les communes ont vu s'élever de nombreux tissages et filatures, qui ont attiré dans le pays une grande quantité d'ouvriers étrangers, notamment alsaciens. Or, en même temps, les paysans, auxquels la pauvreté de la terre donnait de maigres ressources, ont vu dans le travail de la fabrique un moyen de les augmenter et se sont mis à fréquenter l'usine. Beaucoup restent dans leurs communes et continuent l'exploitation de leurs petits domaines; mais nombreux sont aussi ceux qui abandonnent la terre et leur village. Ces déplacements, ces mélanges de populations, ce changement de vie sont très défavorables à l'usage du patois. C'est ce qu'a bien vu l'instituteur de Saint-Maurice qui m'écrivait : « Parmi les adultes, le patois n'est plus guère usité, au centre surtout; entre autres causes, je crois que cela est dû pour une bonne part à l'immigration des ouvriers étrangers à la localité : le mélange des patois favorise l'adoption de la langue commune. »

Ces indications ne sont pas inutiles avant d'aborder le sujet principal de ce travail. Il est en effet évident que les circonstances qui amènent l'expansion du français contribuent en même temps à affaiblir la résistance du patois, qui devient ainsi de plus en plus accueillant aux emprunts.

Étant donné que mon enquête, comme celle de l'*Atlas Linguistique de la France*, a été faite au moyen d'un questionnaire français, de nombreuses réponses peuvent paraître avoir été suggérées par les termes français de la question et ne pas être probantes pour l'usage normal des parlers. Il faut reconnaître qu'il n'est pas facile d'établir, pour chaque cas particulier, la valeur exacte de la réponse. Toutefois cette difficulté, si réelle qu'elle soit, ne constitue pas un empêchement grave à l'interprétation de la plupart des faits. La critique n'est pas dépourvue de moyens, et la masse des exemples est telle qu'on peut négliger sans grand inconvénient les cas qui sembleraient douteux. On remarquera du reste que ce sont ordinairement les témoins de Remiremont qui ont recours au français quand tous les autres ont employé une forme ou un mot patois : or, comme on l'a vu plus haut, le patois de Remiremont est en voie de disparition et réduit à quelques parlers individuels, où l'on ne s'étonnera pas que, en l'absence de toute norme, le français pénètre plus abondamment que dans ceux des localités voisines. Même dans celles-ci, l'emploi du français par un témoin isolé n'a rien de surprenant, car nous avons partout affaire à des milieux bilingues où chaque individu se comporte indifféremment, si bien qu'on pourrait aller jusqu'à dire que chaque individu a son parler propre, soumis lui-même à un changement continuel. Dans de telles conditions, aucun fait n'est complètement dépourvu de valeur (en dehors, bien entendu, de ceux qui résultent de questions mal posées) ; ce qui n'était qu'accidentel hier pourra être la norme demain. Toutefois, vu l'importance des matériaux réunis dans mon enquête et parce qu'il s'agit moins d'épuiser la masse des cas particuliers que de dégager les traits généraux, on insistera davantage sur les emprunts qui ont déjà reçu une certaine extension et sont entrés dans l'usage d'un patois.

PREMIÈRE PARTIE

MORPHOLOGIE ET SYNTAXE

Avant d'étudier les questions concernant la phonétique et le lexique, il nous a paru préférable d'exposer d'abord les emprunts morphologiques et syntaxiques, à la fois moins nombreux et plus simples.

La morphologie, parce qu'elle est la partie la plus cohérente d'un système grammatical, se soumet plus difficilement à l'invasion des parlers étrangers : c'est une vérité qui ressort également de l'étude de nos patois, où les emprunts morphologiques sont proportionnellement infimes, surtout si l'on réserve ceux qui sont en réalité de nature lexicale. C'est le cas, notamment, de la plupart des pronoms et des mots grammaticaux, adverbes, prépositions ou conjonctions, qui non seulement ne forment pas de groupes systématiques, mais souvent ont une valeur expressive.

La syntaxe présente, comme on sait, peu de faits caractéristiques dans les parlers de la partie septentrionale de la France, où elle est partout très semblable à celle du français populaire : c'est ce qui explique que, dans nos *Parlers* comme dans les autres travaux dialectologiques, la place qu'elle occupe soit très faible.

ARTICLE ET PRONOM

Parmi les formes de l'*article* il n'y en a qu'une, *ó*, au, qui subisse partiellement l'influence du français. Cette forme, qui est en recul devant *ī* usité dans presque toutes les localités 1-10, 11 b, 12, 14-22, outre *ǫ̃* de 11 a, c, 13, est certainement ancienne, comme l'attestent les composés cités dans *Les Parlers*, p. 171, et dont il suffira de rappeler le mot inconnu du français, *au longe*, à côté de, d'après le lexique de La Bresse de Hingre[1] ; mais, si elle existe encore partout, il est certain qu'elle survit surtout dans des expressions refaites sur le francais, telles que « tirer au sort » *-ǒ-* 11-14 : en somme, le français contribue ici à entraver un développement patois. *ǒ*, aux, n'a qu'une existence précaire et si, dans *Les Parlers*, p. 172, on en a considéré l'interprétation comme incertaine, l'expression « aller *ó* champs », bien que dite spontanément au sens de garder les vaches dans les localités 1, 2, 4, 5, 7, 14, ne peut guère être autre chose qu'un emprunt au français.

*
* *

Les formes pronominales empruntées sont assez nombreuses, mais, dans l'ensemble du système, l'importance en est faible.

Parmi les formes du *pronom personnel*, l'emprunt le plus remarquable est celui de *ẓǒ*, eux, *ẓǒl*, elles, dans les localités de la région de Remiremont 11, 13-15 (au point 16, il n'apparaît encore à l'heure actuelle que par accident). Cet emprunt s'est produit par l'intermédiaire des parlers voisins et il a pour cause la confusion qui résultait du double sens, lui et eux, elles, pris par la forme *lŭ*, cf. *Les Parlers*, p. 173[2]. Pour le recul probable d'*ǒ*, vous, devant *vǒ*, cf. *ibid.*, p. 165, il n'est pas nécessaire de faire appel à l'influence du français. Le pronom réfléchi *swẽ*, soi, tend à se répandre, mais seulement d'une façon encore sporadique. Le pronom adverbial *ā*, en, qui s'emploie à Remiremont et dans l'aire 1-8' devant le verbe, cf. *ibid.*, p. 169, est peut-être aussi repris au français. Enfin *ĭ*, il, au lieu de la forme locale *ẽ*, ne se rencontre que dans les formules de politesse, empruntées telles quelles, et assez usuelles dans la vallée de la Haute-Moselle, *s ĭ vŭ plẽ* (rarement *s il-*), s'il vous plaît, *plẽt ĭ*, plaît-il, celle-ci exceptionnellement à demi adaptée dans *pyāt ĭ* d'un témoin du Val-d'Ajol.

Les *pronoms possessifs* du singulier ont été empruntés dans la plus grande partie de notre domaine. En effet, tandis que l'aire 19-22

1. « Aujourd'hui » est au contraire emprunté au français et, sous les formes *ǒjdœ̆* 1-11 b, 13-16, *-dœ̆y* 11 a, c, *-dœ̆y* 12, fait reculer « anuit », *ẽnœ̆*, encore usité par 17-22.

2. On verra plus loin qu'un nombre appréciable d'emprunts lexicaux doit son origine au même désir de distinguer des homonymes.

emploie une forme *mēy*, sur laquelle ont été refaits *tēy* et *sēy*, cf. *Les Parlers*, pp. 155, 173 et 195, *myēn* du Val-d'Ajol, *myēn* et *-èn* des autres localités et que quelques témoins de l'aire -19-22 connaissent déjà (je n'ai recueilli « tien, sien » qu'en quelques points où leur traitement, comme on pouvait s'y attendre, coïncide avec celui de « mien ») représentent le féminin du pronom français, transporté par analogie au masculin, sur le modèle de « nôtre, vôtre, leur » qui n'ont qu'une forme pour les deux genres. Cet emprunt et cette réformation occupent un domaine très étendu, comme le montrent Adam, *Les patois lorrains*, p. 85, et les formes des villages franc-comtois 23-26 de mon Atlas ; par conséquent, ici comme pour *zǒ*, *zǒl*, l'emprunt a pu se produire par l'intermédiaire des parlers voisins.

Parmi les nombreuses formes de *démonstratif* usitées dans nos parlers, cf. *Lexique s. v.*, il n'en est pour ainsi dire aucune qu'on doive considérer comme empruntée au français : c'est à peine si, à côté de l'article qui, combiné avec « ci, là » placés après le substantif, exprime l'adjectif démonstratif, on voit apparaître tout à fait sporadiquement « ce, cette », soit seuls, soit combinés avec ces mêmes adverbes.

Le pronom *interrogatif* présente quelques formes empruntées. Bien que « quoi » se dise régulièrement *kē*, beaucoup de témoins de l'aire 1-17 ont employé la forme française *kwē* dans la phrase « nous avons de quoi ». L'emprunt de *k ē s kē*, « qu'est-ce que.. », de 12, 13, 15 ne doit pas étonner, puisque les parlers de la vallée de la Moselotte ont pris *kǒ s kē* à leurs voisins, cf. *Les Parlers*, p. 100. *kē*, quel, quelle, *tē*, tel, telle, malgré la comparaison de *dǒ* < *ditale*, dé, et de *sǒ*, sel, peuvent s'expliquer par leur rôle d'adjectif pronominal. Quant à « lequel », avec son *l* final partout maintenu, sauf chez quelques témoins : *lēkēl* 1-10, 16-22, *lǒ-* 11, mais *lǒkē* 13, *lē-* 12 (Hingre dit de même qu'à la Bresse « *qué* fait *quéle* à volonté devant une voyelle et toujours dans *léquéle*, *laiquéle*, lequel, laquelle »), il est impossible de décider si c'est un emprunt au français ou une extension analogique du féminin.

FORMES VERBALES

S'il est probable que la désinence caractéristique de la première personne du singulier de l'indicatif présent en *ē* dans l'aire 1-8', 18-

22 et en *ǟ* au Val-d'Ajol, dont l'origine a été discutée dans *Les Parlers*, p. 175, a autrefois existé dans tout notre domaine, le recul a pu se produire par développement spontané ; tout au plus peut-on admettre qu'il a été aidé par l'action du français.

De même dans la lutte du passé simple, encore très vivace dans toutes les localités, et du passé composé, cf. *ibid.*, p. 161, l'intervention du français contribue sans doute au triomphe du dernier, mais l'impulsion ne vient pas de lui, et l'on sait que l'élimination du passé simple est un trait général des parlers gallo-romans et même de nombreux autres parlers, cf. Meillet, *Bulletin de la Société de Linguistique*, 1918, t. XXI, p. 98.

Par contre, si l'auxiliaire « être » supplante parfois l'auxiliaire « avoir » dans les verbes intransitifs et pronominaux, nous avons affaire ici à une pénétration directe du français. Il faut ajouter qu'elle n'est encore que sporadique et individuelle, cf. être *Lex. ad finem* et en outre je me suis assis c. 50, il partit c. 556.

La formation réfléchie de « s'en aller », malgré l'emploi aussi usuel d'« en aller », peut être due à un développement spontané.

Le radical verbal n'a plus de véritable valeur morphologique dans les parlers de France. Par conséquent une modification du radical sur le modèle du verbe français est moins un emprunt morphologique que lexical. Le fait est surtout fréquent dans les verbes en *-er* : il suffira de donner comme exemple la substitution de *nĕtwāyẹ̄*, nettoyer c. 523, dans la vallée de la Moselotte à une forme plus ancienne ou celle d'*ą̄wẹ̄yẹ̄*, envoyer, à *ẹ̄vāyẹ̄*, à Remiremont.

Dans les verbes forts, les cas sont plus rares : la reformation de tisser *Lex.*, comparable à celle du fr. *tisser*, qui a éliminé une formation forte *tītre*, cf. *Les Parlers*, p. 214, peut s'être produite spontanément ; *puvǫ̆*, je pouvais c. 609, de Remiremont, y est tout à fait isolé et individuel, comme *sǫ̆rā*, je saurai, de 11 a, c, *ǫ̆rǫ̆*, tu aurais, de 11 c, etc. Cependant le radical fait parfois si étroitement corps avec la désinence qu'on peut parler de substitution de formes. C'est notamment le cas de *pœ̄*, peut, isolé à Remiremont, à côté de *pyœ̄* des autres localités, de *vœ̄*, veut, qui n'existe que chez deux témoins du même point 11 à côté de *yœ̄* des autres points (*vyœ̄* de 12 a est également isolé et peut-être aussi individuel), des participes passés *ū*, *pū* à Remiremont seulement et sans doute de *dū* qu'on entend dans l'aire 1-15 et qui est en concurrence avec *dvū* dans la vallée de la Haute-Moselle, cf. *Les Parlers*, p. 215. Des féminins *dīt* et *trāt*, employés par quelques témoins à côté de *dīs* et *trās*, on ne peut dire si ce sont des survivances ou des formes suggérées par la question posée, cf. *ibid.*, p. 217.

On a également signalé *ibid.*, p. 222, que la formation inchoative est inconnue de nos parlers, du moins dans les verbes anciens. Aujourd'hui on la rencontre dans des verbes récemment empruntés tels que finir, remplir, cf. les cartes 348, 349, 643 et 645. Le hasard a fait que quelques localités de la vallée de la Moselotte ne m'ont pas fourni de formes en *is* ; mais Hingre, dans sa *Monographie du patois de La Bresse*, p. 92, témoigne que dans cette localité très conservatrice « une cinquantaine de verbes empruntés au français se sont fort maladroitement calqués sur la conjugaison d'origine », et il cite comme exemple *punīre*, *i punissiè*, je punis, *nós punissiò*, nous punissons [1]. Dans ces verbes on trouve aussi l'infinitif en *ir*, alors que les verbes anciens l'ont en *i*. Mais ce que l'infinitif offre de plus remarquable, c'est la grande extension des formes empruntées (*ĕr*)*dĕwĕr* (ou *-ĕw-*), *pūwér*, *vūlwĕr*, cf. les cartes 249, 606 et 806. C'est pour échapper au trouble causé par les nombreuses formes concurrentes : (*ĕr*)*dĕwĕ*, *-wī*, *-vī*, *-wă*, *-vă*, *-ĕvă*, *pwĕyi*, *-ă*, *-ŭ*, *pūyī*, *-ū*, *v*(*ĕ*)*li*, *vlă*, *-ŭ*, *vūlū*, cf. sur ces formes *Les Parlers*, pp. 212-4, que nos parlers ont eu recours à ces emprunts. Si (*ĕ*)*rsĕwĕr*, *-wār*, *-ĕw-*, tend également à se substituer à (*ĕ*)*rsur*, recevoir *Lex.*, c'est sur le modèle des emprunts qui viennent d'être indiqués. *ĕt*, être, pourrait bien être aussi repris au français, étant donné que nos parlers, en principe, ne pratiquent pas l'épenthèse, cf. *ibid.* 524, où nous avons admis que « joindre », au sens d'atteler, malgré ses formes en apparence locales, est probablement un emprunt. Quant à « tordre », toute sa formation est influencée par le français.

Naturellement les patois font entrer les emprunts dans leurs séries verbales. C'est ainsi que des infinitifs en *-er* les uns, comme labourer c. 434, sont en *ă*, dans l'aire 1-10, 12, 16-22, les autres, comme *fŏfīlĕ*, respirer c. 652, sont en *ĕ* partout, sauf au Val-

1. L'*i* qui précède ces désinences provient d'une extension analogique. Dans cette localité et dans les voisines, où les infinitifs-participes en *yé* sont très nombreux, le *y* a été propagé devant les désinences syllabiques de tous les verbes en *yé*, sur le modèle de ceux où *y* représente étymologiquement *l* ou *u* ; puis des verbes en *yé* il a pénétré dans les verbes empruntés avec *is* inchoactif.

d'Ajol où ils sont également en *ă*, conformément à l'exposé des *Parlers*, pp. 70 sq. Pour *rẽũsyẽ* des points 17, 18, 19, 22, réussir c. 655, ce sont les formes à désinence précédée de *y*, dont il a été question dans la note de la page 11, qui l'ont entraîné dans la série des infinitifs en *syẽ*; de là vient aussi la forme curieuse *rẽũs*, tu réussis, recueillie au point 18.

Particulièrement nombreux sont les verbes empruntés, notamment ceux qui étaient terminés par consonne + *ler* où *l* est devenu *y*, que nos parlers ont fait entrer dans la série des verbes à infinitif en *yẽ* et à formes toniques de l'ind. prés. en *ī*, sur le modèle de marier, etc. ; cf. les formes de manier, boiter, trembler, etc., au *Lexique*.

SUFFIXES

Si la substitution du suffixe *u* = fr. *eur* à *œ* ≐ fr. *oir* dans les noms d'objets peut être spontanée, puisque non seulement le français, mais d'autres parlers romans la connaissent, cf. *Meyer-Lübke*, II, § 490, c'est au français que nos parlers sont probablement redevables d'un suffixe d'adjectif en *œ*, v. *Les Parlers*, pp. 231 sq., et du suffixe *yem* des adjectifs ordinaux. C'est aussi le français qui fait reculer *kǒvrǒs* 1-11, 13-15, *-ǎs* 12, 16-22, poule couveuse, *fīlrǒs*[1] de quelques témoins de 2, 5, 6, fileuse, formés avec un ancien suffixe issu d'*ariciu*, *-a*, longuement étudié par M. Thomas, *Nouveaux Essais de philologie française*, pp. 62 sq., devant *kǒvũz* recueilli aux points 1, 2, 5, *fīlũz* de 4, 5, donc encore moins usitées que les formes anciennes, cf. aussi *çǒvrǎs* de 19 c et *sǒvũz* de 2 c, laveuse. On étudiera plus loin l'adaptation à laquelle plusieurs suffixes français sont soumis dans de nombreux emprunts sur le modèle du traitement local.

GENRE DES SUBSTANTIFS[2]

Un certain nombre de substantifs abandonnent leur genre ancien, que ce genre remonte à son étymon ou qu'il soit dû à une action

1. L'indication du témoin 5 e que *fīlrǒs* est plus récent que *fīlũz* est une erreur d'interprétation, car il n'a donné cette forme qu'en deuxième lieu.

2. La plupart des exemples cités ici ont déjà été étudiés à d'autres points de vue dans *Les Parlers*, pp. 183 et 227 ; mais on y a ajouté quelques exemples particulièrement intéressants pour la présente étude.

analogique postérieure, pour prendre celui du français actuel. Squelette c. 728 est encore partout féminin, comme il l'était dans le français du XVIIe siècle, cf. *Littré s. v°*, sauf chez un seul témoin de Maxonchamp; fourmi c. 360 est encore masculin, comme souvent dans l'ancienne langue *formiz*, sauf chez quelques témoins des localités 1-4, 8, 10, 11; mais le masculin de poison c. 593, dont le féminin étymologique est encore populaire en français, et de rhume c. 659, qui fut féminin au XVIe siècle, et d'autre part le féminin de dent *Lex.*, étymologiquement masculin, et d'horloge c. 412, auquel le français, en empruntant dès le XIIe siècle le latin *horologium*, donna le genre masculin, sont déjà très usités, surtout dans la région de Remiremont et dans la vallée de la Haute-Moselle. Le féminin *cèrpi*, charpie c. 163, de l'aire 10, 11, 13, 14, à côté des formes masculines en *ī* des autres localités, formes qui correspondent au fr. archaïque *charpi*, est à la fois un emprunt de genre et de mot; par contre, le masculin *ēpi*, épi *Lex.*, de Bellefontaine, peut être considéré comme une simple substitution de genre; car, s'il est vrai que le français représente un étymon *spicu* et nos parlers un étymon *spica*, la région de Remiremont offre un *i* bref dans l'ancienne forme féminine.

Quand les mots ont subi un changement de genre dans nos parlers par suite de quelque action analogique, il est souvent difficile de reconnaître si l'emploi du genre usité en français est dû à un emprunt récent ou s'il atteste un recul en cours de développement. Le féminin d'« auge », c. 57, indiqué seulement aux points 5 et 20, à côté du masculin des localités 1-15, 17, 19, manifestement dû au mot ancien *bèe*, *-ẻ* < *baccu* de l'air 16-21, celui de *vìe*, *-ę*, vis, chez quelques témoins isolés, à côté du masculin de la plupart, dû soit à celui de « clou » soit à la forme du mot (*vìs* de 7, 9-16 est la forme française reprise avec son genre) et le masculin d'*ütī* de 12, 15, forme issue du croisement du fr. *outil* et du féminin *ütīl* usité partout ailleurs, sont certainement récents et empruntés au français [1]. Mais il est impossible de se prononcer sur le masculin d'acier c. 10, de lièvre c. 454 et sur le féminin de perdrix c. 571, bien qu'ils apparaissent principalement dans l'aire 1-15, la plus soumise à

1. Le masculin d'*ētā̃*, indiqué aux points 5 et 10, l'est probablement aussi, à côté du féminin de plusieurs localités; mais les faits recueillis sont insuffisants pour assurer cette interprétation.

l'action du français ; il en est de même du féminin dans *dal*, paroi c. 554, dont le masculin, dû à celui de « mur », est très répandu, et dans *vipèr*, masculin chez plusieurs témoins évidemment sous l'influence de « serpent », cf. encore sur ce mot *Les Parlers*, p. 315, et du masculin dans le mot très récemment emprunté « orage », qui doit son féminin tout aussi usité à la fois aux mots de sens voisin « averse, pluie » et à son initiale vocalique. Le cas de « fruit » est analogue à ceux de *ϵèrpī* et de *vīs* cités plus haut : *frū*, masc., est une adaptation récente du français *fruit* issu de *fructu*, tandis que la forme plus ancienne *frūt* représente un étymon **fructa*, cf. la carte 370. Le genre masculin de « brebis », au sens de mouton, qu'ont indiqué quelques témoins, cf. la c. 513, vient de « mouton », après l'emprunt de ce mot. Au contraire, *sōfsūrī*, chauve-souris, de 19 c doit son masculin au mot patois qu'il supplante, v. la c. 170, et *pèrdrī* de 1 et 10 garde le masculin de la forme patoise, v. la c. 571.

ADJECTIF. — FORMATION DU FÉMININ ET ORDRE DES MOTS

Étant donnée l'existence du féminin analogique *grāt* dans beaucoup de localités, il est certain que *grād*, déjà presque aussi usité, est repris au français, v. les témoins au *Lex.* ; mais pour *fwōt* et *mèϵāt*, *-ϵ-*, qui sont en concurrence avec *fwō*, *mèϵū*, *-ϵ-*, bien que l'emprunt soit assez probable, ce n'est qu'une hypothèse non susceptible de démonstration, cf. *Les Parlers*, pp. 184 et 228. *bèl*, beau, devant voyelle, p. ex. devant « homme », qu'un certain nombre de témoins ont employé en précisant que *bè* est plus patois, est emprunté au français ; quant à *nōvèl ā*, usité partout, c'est une expression prise au français avec une adaptation de la voyelle d'après *nōvè*, nouveau.

Nos patois placent encore volontiers l'adjectif devant le substantif ; mais la postposition sous l'influence du français est déjà très usuelle, et elle est pratiquée plus ou moins dans toutes les localités et suivant les témoins. On a jugé utile de compléter ici l'exposé consacré à cette question dans *Les Parlers*, p. 184, par un certain nombre d'exemples qui y ont été omis. Comme cas intéressant de la préposition de l'adjectif, on notera le nom de lieu-dit *lè sōvèϵ ϵèt* de 21 a, c, en fr. la Tête du Chat sauvage, *ϵō lāsę̄* de 13 a, 14 a,

« chaud lait », qui désigne le lait sortant tout chaud du pis de la vache, et la double préposition dans *ī pǒr mę̆gr ę̆fā̆*, « un pauvre maigre enfant », dit par 6 a en réponse à « un enfant maigre ». Quand nos parlers substituent « grenouille » au représentant ancien de « raine », ils n'en conservent pas moins l'ordre ancien « verte grenouille » pour désigner la rainette, au point que « g. v. ». n'a été indiqué que par un seul témoin 2 c; et cet ordre est si vivement senti comme propre au parler local que divers témoins des localités 5, 7, 19, 21, 22 l'ont introduit dans l'emprunt fer-blanc c. 311. Mais l'ordre du français refoule énergiquement l'usage ancien : si neuf *Lex.* dans « habit neuf, robe neuve » est encore préposé par beaucoup de témoins de l'aire 1-17 où ces expressions ont été demandées. brun c. 125 dans « drap, cuir brun », léger c. 444 dans « papier léger », mince *Lex.* dans « papier mince », rond id. dans « papier rond », tendre id. dans « pomme tendre » ne l'ont été que par quelques témoins qui se réduisent à un ou deux dans « ronde boule », « mou beurre » de 5 a, 8 a, « dur bois » de 9, 19 a, « dure planche » de 5 a, 9, « molle viande » de 5 a, « brune étoffe » de 11 b, « douce pomme » de 8 a. On remarquera que dans tous ces cas les réponses viennent en grande majorité des mêmes témoins, notamment de 5 a qui était un vieillard très âgé; ces mêmes témoins ont manifesté leur sentiment conservateur par plusieurs rectifications spontanées, en effet 5 a et 19 a, après avoir répondu « du papier léger », se sont immédiatement repris, et 8 a a fait de même à propos de « robe neuve ».

La postposition de l'adjectif est plus significative encore, quand elle se produit dans des expressions locales où le français n'a pas pu agir directement. S'il est vrai que, pour désigner la rainette *Lex.*, nos parlers, tout en substituant partout le fr. « grenouille » à « raine », disent « verte grenouille », qui était du reste appelé par « verte raine » et qu'un seul témoin 2 c a postposé l'adjectif, et si la réponse *rę̆n wā̆ţ* de 19 b, plus remarquable à cause de la conservation de *rę̆n*, est isolée, le recul de l'ancienne syntaxe est important dans le composé local qui désigne l'argile c. 43; en effet, à côté de « grasse terre » de la majorité des témoins et de « rouge terre » du Val-d'Ajol, « terre grasse » est employé dans les localités 2, 3, 8', 11, 12, 14, 15[1].

1. Toutefois cet exemple perdrait beaucoup de sa valeur si « terre grasse » a été suggéré à nos parlers par le fr. *terre glaise*.

SYNTAXE

Parmi les autres emplois syntactiques, il ne reste à signaler que le recul des anciennes constructions du verbe « ressembler » sans à et du verbe « faire » suivi d'à devant un infinitif, cf. les cartes 653 et 1 et *Les Parlers*, p. 185, recul qui est accentué surtout dans la région de Remiremont et la vallée de la Haute-Moselle. Mais la concurrence des deux prépositions de et à après « commencer », cf. la carte 2, peut être indépendante du français.

DEUXIÈME PARTIE

PHONÉTIQUE

RÔLE DU FRANÇAIS DANS LES DÉVELOPPEMENTS PHONÉTIQUES

C'est une question d'un grand intérêt général que celle de savoir si certains développements phonétiques des patois se produisent sous l'impulsion du français. Une réponse affirmative aurait une grande importance pour la solution du problème que posent la diffusion de ces développements et le rôle de l'imitation.

On pourrait être tenté d'expliquer ainsi quelques-uns des développements de nos parlers, notamment celui de *ĕ*, *j* en *ɛ*, *j* et l'amuïssement de *s* devant consonne, cf. *Les Parlers*, pp. 65 sq., d'autant plus que le traitement ancien résiste dans les parties les plus reculées de notre domaine, tandis que le traitement nouveau et identique à celui du français apparaît dans les localités les plus soumises à l'action de celui-ci. Mais cet argument, si frappant qu'il soit, n'est pas décisif, car le développement peut être parallèle et spontané.

Il est au contraire remarquable que la réduction d'*l* mouillée à *y*, qui embrasse un domaine considérable des parlers français, se soit produite dans notre région à une époque antérieure à celle où cette réduction a eu lieu en français. Ce fait important ressort des formes *ălyœ̂r*, ailleurs c. 13, de la région de Remiremont, *fĭlyœ̂*, filleul, et *vĭlyĕt*, *-ăt*, vrille c. 810, < a. fr. *villette*, cf. Godefroy *s. v°* et *Littré* à l'historique de *vrille*, tous deux usités dans la majorité des localités, *pŭlălyĕ*, poulailler c. 601, très répandu et les formes secondaires *-ăryĕ* du 13 et *pŭnălyĕ* de 2, 5, 22, *bŏlyā*, bouillant, au sens de vif, de 19 et, avec l'élément palatal amuï, *jūlĕ*, juillet c. 427, fréquent dans les deux vallées, *bœ̆lī*, bouillie c. 109, seule forme attestée, *grĕzel* et *grŏ-*, groseille c. 402, qui couvre presque tout le domaine, *bĕkĭl* et *bĭ-*, béquille c. 93, de quelques points, *fàmil*, famille de 6, 7, *kàmòmil*, camomille, de 6, 9, *mèdòl*, médaille, de 8', 14, 16, traitement qui explique partiellement *bòkùlò* de 1-6, 15, 18, 22, bûcheron c. 126, adapté du fr. *boquillon*. Toutes ces formes supposent que nos patois, ne possédant plus *l* mouillée quand ils ont emprunté les mots cités, ont adapté ce son devenu étranger soit par *ly* soit par *l*. Postérieurement nos parlers ont repris certains de ces mots avec la prononciation actuelle du français *y*; c'est ainsi que quelques témoins disent aussi *fiyè*, *pàlàyè*, et qu'*ⁱyùr*, ailleurs, de 17-21 est une adaptation récente. Quant à (*è*)*viyèt*, -*òt*, vrille, de quelques localités de l'aire 1-15, qui ne peut pas avoir été emprunté au français, il est accommodé au traitement le plus répandu, peut-être sous l'action de parlers voisins.

RECUL DE TRAITEMENTS ANCIENS

Toutefois plusieurs traitements phonétiques réguliers de nos parlers sont refoulés par des emprunts de mots ou par des modifications de formes antérieures sur le modèle du français.

Ainsi *i* devant *l* a eu un traitement local, *ye*, *ya* qui n'apparaît plus que dans quelques formes isolées, cf. *Les Parlers*, p. 115 : (*è*)*dyèl* de 1, 2, 5, 18, 19, 21, argile c. 43, issue d'une ancienne forme *ardile*, *òbyèl* 16 a, 19 c, *-yàl* 8' b, habile, *lè dèrmàvyàl* 8 c, la Dermanville, nom de lieu-dit de la commune de Rupt : à côté de ces formes *vìl*, ville, *mìl*, mille, sont donc exotiques, et sans doute aussi *filè*, filer, moins usité du reste que *flè*. Le traitement *ya* d'*e* latin ouvert devant *r* + consonne, cf. *Les Parlers*, § 48, est, dans la région de Remiremont, battu fortement en brèche par un simple *a* dans herbe, perdre, terre. Malgré l'absence régulière des consonnes épenthétiques, cf. *ibid.* § 14, tous nos parlers présentent dans *èt*, être, et dans tordre c. 757 une dentale qui vient du français, v. aussi plus haut, p. 13.

Très important est le cas du groupe *vr* dans des mots tels que *chèvre*, etc. En apparence nos parlers l'ont réduit régulièrement à *v* (*f*) ; mais il est probable que ce traitement n'est dû qu'à une régression, car *lucubrum* est partout representé par *lur*, veillée [1], et La Bresse conserve encore un précieux verbe aujourd'hui vieilli, *fourié*, qui s'emploie « en parlant du mauvais temps normal en février », Hingre,

1. Mais les parlers voisins de Franche-Comté disent : 23 *lœvr*, 24, 25 *lùvr*.

l. ex. Couleuvre c. 216, parmi ses formes variées, atteste le même état ; *kẽlœ̄r* de 5 a, *kūlœ̄r* de 21 a, *kẽryœ̄l* de 7, 8, qui suppose une succession **kẽryœ̄l* <**kelyœl* <**kelyœr*, forme à rapprocher de *colieure* d'Uriménil, cf. *Les Parlers*, p. 265, sont les dernières traces du stade où *vr* était réduit à *r*. *r* devant *b* devait anciennement tomber, mais il n'en reste plus qu'une forme isolée : *sẽt bāb*, sainte Barbe, sainte patronale de Bussang, attestée par un seul témoin 1 c, tandis que deux autres disent *sẽt bărb* et que tout le domaine ne connaît plus que *barb* (avec *p* final à 11, 13), barbe.

TRAITEMENT DES SONS DU FRANÇAIS.

Une description du système phonique de nos parlers fondée sur l'observation instrumentale serait une préface utile à une étude des emprunts. Elle permettrait d'établir au préalable les différences de ce système et de celui de la langue commune plus exactement et plus profondément que ne peut le faire la simple audition. En s'en tenant cependant aux données de celle-ci, que nous avons seule utilisée, cf. *Les Parlers*, pp. 1-3, on constate quelques différences notables. Or, en cas d'emprunt, nos parlers se comportent de deux façons toutes différentes :

Tantôt ils modifient suivant leurs propres procédés de prononciation les phonèmes du français qui leur sont étrangers, tantôt ils les adoptent tels quels.

Conformément à la prononciation locale de l'aire 19-22, la nasale *ā̃* devant une consonne palatale est suivie d'une résonance *ṅ*, par ex. dans *bā̃ṅkăl*, *hā̃ṅgār*, etc., cf. *Les Parlers*, p. 58. La longue *ȩ̄* est étrangère à la région de Remiremont qui la remplace par *ẹ̄*. La longue *œ̄* existe seulement au Val-d'Ajol, *ǭ* en ce point, à Bellefontaine et à Saint-Nabord ; aussi ces voyelles deviennent-elles *œ̄*, *ō*, y compris ces trois localités qui les ont évidemment reçues par imitation, par ex. dans *mălœ̄r*, *pœ̄r*, *kōr*, etc. La région de Remiremont, aux points 11, 13, 14, assourdit régulièrement les consonnes finales (les quelques sonores que nous y avons relevées sont, on l'a indiqué dans *Les Parlers*, p. 48, mal assurées), et naturellement traite de même les emprunts, cf. *glōt*, Claude c. 194. Cf. aussi ce que nous avons dit du traitement d'*l* mouillée, supra p. 19. Quelques groupes de consonnes inconnus de nos parlers sont réduits : ainsi le groupe final d'« aveugle » est partout réduit à *l*, d'où *ẽvœ̆l*, sauf au Val-d'Ajol qui dit *ẽvœ̆y*, *ẽvœ̆gl* n'ayant été employé que par un seul témoin de cette localité ; pour « boucle », v. plus loin. Le groupe final *sm* de catéchisme c. 138 est de même réduit dans la majorité des points à *m* ; quelques témoins de Remiremont et le Val-d'Ajol le traitent par *s* comme le français populaire, et la prononciation *sm* n'apparaît qu'à Remiremont. D'une façon analogue la formation phonétique du mot moustache c. 512 entraîne dans de nombreux points l'assimilation de *s* en *ε*, qui est ensuite devenu *ç* dans l'aire 20-22, et c'est sans doute au caractère hétérogène du mot qu'il faut attribuer l'origine de *kătẽkĭs*, catéchisme, du point 12. Le groupe intérieur que présente « employer » est si étrange dans nos parlers que plusieurs témoins le réduisent à *-pwa-*. Cependant, l'un d'eux 5 c, après avoir dit *ãpwăyẽ*, s'est corrigé pour dire *ãplwăyẽ*. Ce fait, purement accidentel et individuel, et qu'on peut rapprocher des formes fr. d'« aveugle » et de « catéchisme », est cependant significatif. Il nous montre le patoisant s'efforçant de se rapprocher le plus possible de la prononciation du français. Et c'est ce qui explique qu'on trouve des sons purement français introduits tels quels dans nos parlers.

La nasale *œ̃* était inconnue de nos parlers, cependant quelques témoins de 5, 11, 15, 19 disent *brœ̃*, brun c. 125, et même, par fausse adaptation, un témoin de 13 a dit *prœ̃tã*, printemps c. 616. La semi-consonne *w̃* est tout à fait rare : si on peut la signaler dans l'aire 1-15, notamment dans le mot (*ẽs*)*kw̃ĭ*, écouvillon c. 275, elle est inusitée dans les autres localités ; aussi est-elle souvent sujette à diverses adaptations, cf. par ex. *mnŭzyẽ*, menuisier, seule forme attestée[1], *bĭ* et *bwĭ*, *jŭlẽ* et *jŭyẽ*, très répandues pour buis c. 128, juillet c. 427 ; mais on entend aussi *bw̃ĭ* en quelques points, *jw̃ĭyẽ* est très usité, *tw̃ĭl*, tuile, se dit dans toute l'aire 1-15 et *jw̃ẽ*, juin, existe partout, sauf aux points 14 et 15 qui disent *jū*, forme d'interprétation douteuse. Dans la région de Remiremont, aux points 11-15, *n̦* perd en position finale son élément palatal, et les emprunts les plus récents eux-mêmes en sont dépouillés, cf. *Les Parlers*, p. 45 ; cependant *ŋ* apparaît également dans tous ces points (sauf au point 14 où, par hasard sans doute, je ne l'ai pas recueilli) : *mõteŋ*,

1. *tŭyõ*, tuyau, ne peut pas être utilisé, puisque cette prononciation est attestée même dans le parler central.

montagne c. 507, aux points 11, 12, *pẽŋ*, peigne c. 560, aux points 11-13, *viŋ*, vigne c. 791 et *ą̄pwẽ̊ŋ*, empeigne, au point 15. De même on peut noter des groupes de consonnes pris tels quels, par ex. *ks* dans *ȅksĭtȅ*, exciter c. 331, etc.

M. Grammont a déjà étudié des faits de ce genre à propos du parler de la Franche-Montagne, *Mém. de la Soc. de Ling.*, t. X, pp. 292 sq.; et M. Meillet a fait observer judicieusement dans le *Bulletin de la Soc. de Ling.*, t. 21, p. 104, à propos des emprunts allemands en letton qu' « une population bilingue, en tout ou en notable partie, peut introduire dans sa langue les phonèmes étrangers qu'elle prononce dans une autre langue ».

ADAPTATION PHONÉTIQUE

Mais les faits qui viennent d'être traités sont à la fois limités et plus ou moins individuels. Ce qui est infiniment plus fréquent, c'est l'adaptation des phonèmes français, et cette adaptation appelle un examen minutieux en raison de la variété des procédés qu'elle présente.

Il va sans dire que de nombreux mots français qui sont formés de phonèmes existant dans nos parlers sont empruntés tels quels, sans subir de modifications appréciables à l'oreille. Cependant, même dans le cas où la constitution phonétique du mot français n'impose pas un changement, et bien que le mot emprunté garde dans l'ensemble de son aspect un caractère nettement étranger, il n'est pas rare que nos parlers en modifient la prononciation et notamment celle des voyelles, pour la rapprocher d'un type plus usuel et senti comme plus local.

Ainsi, bien qu'*a* bref soit abondamment représenté dans tous nos parlers, *a* est allongé dans des mots par ailleurs à peine adaptés, p. ex. *kŭltĭvātœ̊r*, *mẽ̊kānĭsyȇ*, *ābĭtŭd*, *rādĭ* employés par de nombreux témoins, cf. pour radis la c. 634, d'après des mots tels que *mādĭ*, mardi, usité partout, etc. Si *ǒ̊* n'est usuel que dans la région de Remiremont, *ǒ̊* est largement représenté dans le reste du domaine et pouvait se substituer à *ǒ̊* du français. Cependant tous nos parlers recourent à *ǒ* dans des emprunts tels que *pǒ̊l*, Paul, *kǒ̊mǒ̊d* (-*t* dans la région de Remiremont), commode, *pǒ̊sĭb*, possible, etc. *ȅ*, bien que connu dans les deux vallées, y est régulièrement remplacé par *ȇ*, comme on l'a déjà vu plus haut pour la région de Remiremont, cf. par ex. *frèz*, fraise, *ẽmèr* et *ẽmwèr*, amer c. 31, etc. Quelques mots y sont cependant adaptés d'une façon différente : *mẽgr* et *mẽg*, maigre, *ẽgr* et *ẽg*, aigre, *vinẽgr* et *-g*, vinaigre c. 794, dont l'*ẽ* est dû à des modèles tels que *sẽt*, sept, etc. ; et *gẽy*, gai, garde dans la vallée de la Moselle la voyelle du français.

Ce mode d'adaptation s'applique à des mots récemment empruntés et auxquels nos parlers ne cherchent pas à enlever leur aspect étranger. Mais, dans un nombre considérable de mots, ils ne s'en tiennent pas à cette adaptation et transforment les sons suivant les correspondances des traitements phonétiques dont les sujets parlants ont un sentiment délicat. Ici les faits sont extrêmement variés, car les adaptations sont tantôt partielles, tantôt totales, varient parfois d'un mot à l'autre, et souvent d'autre part il se produit de fausses adaptations. Quant aux particularités de la distribution géographique, nous les examinerons dans un chapitre spécial.

ADAPTATION DES VOYELLES

La voyelle nasale française *ẽ* correspond à deux voyelles de nos parlers *ẽ* et *ī*, la première dans des mots tels que *pẽ*, pain, la seconde dans des mots tels que *vī*, vin. Cette dernière correspondance amène de nombreuses adaptations, sans doute parce qu'elle a l'avantage d'opposer le patois et le français : elle entraîne *ī* partout par ex. dans (*d*)*īsī*, ainsi c. 14 et *Les Parlers*, pp. 127 et 133, *küzī*, cousin, *òrfèlī* ou *-ẽl-*, orphelin c. 536, *rèzī*, d'où *-ī* 19-22, raisin, les différentes formes d'« épingle », *Lex*. A côté de *dīd*, *dīdõ*, *dẽd* est à peine employé, bien que le dindon soit un volatile très rare dans le pays. L'adaptation se manifeste particulièrement dans les mots à initiale « in-, im- », même les plus récents : *īsãdī*, *īdīvīdü* sont plus usités que les formes avec *ẽ*. Etincelle c. 317, qui attaque des mots locaux, garde *ẽ* dans la région de Remiremont, mais l'aire 1-7 dit *ītīsẽl*. Coussin c. 218 est curieux ; ce sont les parlers les plus fortement soumis à l'action du français qui se montrent les plus assimilateurs, suivant une tendance dont nous reparlerons à la fin du chapitre sur les voies de pénétration : 13 et 14 disent *kœsī* (et il faut lire probablement ainsi *queussin* d'Uriménil dans Haillant), 10-12, 15-17 *küsī* qui est en lutte, dans la vallée de la Haute-Moselle, avec *kŭsẽ*, seule forme de l'aire 18-22. Il n'y a pas lieu de voir ici une histoire de mot liée à une histoire de chose; car « coussin » est en somme peu employé dans nos parlers, et il n'y a pas pris un sens différent de celui qu'il a dans le français commun.

Au contraire deux mots, qui sont des emprunts, relativement anciens et d'une époque certainement antérieure à celle des emprunts qu'on vient de voir, ont conservé la voyelle du français: c'est d'une part *lẽkã*, encan, qui a dû être emprunté alors que le français prononçait encore *ẽ* d'après l'étymon latin médiéval *inquantum*, comme l'atteste l'orthographe *inquant* signalée par le *Dictionnaire général*, et d'autre part *lẽsyœ̃*, drap de lit c. 260; malgré son apparence locale, cette forme ne peut être considérée que comme une adaptation du fr. *linceul*, lequel impose un étymon *linteolum* avec un *i* long [1]; il n'y a pas d'autre moyen de rendre compte de la nasale *ẽ*, et de plus le traitement de *s*, comparé à celui de sœur c. 714, est également anormal.

A la voyelle nasale française *ã* correspondent d'une part *ã* < *an* latin devant consonne et d'autre part des traitements compliqués qui représentent *en* latin devant consonne, comme on peut les voir dans *Les Parlers*, §§ 21 et 38. En dehors de cas particuliers, on peut dire que le traitement dominant dans la syllabe étymologiquement tonique est *ǒ̃* bref dans l'aire 1-10, dénasalisé en *ǒ* dans l'aire 16-22, les localités 11-15 ayant *ō̃* quand la voyelle est longue et *ǒ* quand elle est brève, sauf au Val-d'Ajol qui, en ce dernier cas, dit *ǎ̃*. Dans la syllabe étymologiquement protonique *ẽ̆* est le traitement le plus fréquent, *ō̃*, *ǒ* et *ǒ̃* étant relativement rares. Dans les mots empruntés *ã* est naturellement souvent maintenu, quel que soit l'étymon du mot, cf. par ex. *ĭsãdi* et *ẽ*-. Mais, d'autre part, conformément aux traitements locaux d'*en* latin, cendre c. 143 a partout une voyelle identique à descendre c. 245, et encre c. 292, *pǒ̃syǒ̃s*, patience, 1-10, *-ǒs* 11, 13-22, *pãcyãs* 12, trembler c. 766, *lẽrǒ̃* 2, 5, 8, 8′, 10, *-ǒ* 18, *sẽ rrǒ* 22, Laurent et Saint Laurent, se superposent à temps, vent. Même un mot comme vendanger *Lex.* est assimilé dans la majorité des communes, alors que la culture de la vigne est totalement inconnue dans notre région. Cependant serpent *Lex.* conserve *ã* dans l'aire 12-22 et argent c. 42 le conserve partout,

1. La plupart des langues romanes postulent un *i* bref, cf. *ML EW.* 5070; dans le domaine du français un croisement avec *linum* a dû avoir lieu.

ainsi que les noms des mois septembre, novembre, décembre *Lex.* Au contraire, par fausse adaptation, lampe c. 440 se dit *lǒp* dans l'aire 1-9 et *lǭp* au point 10, tandis que les autres points gardent la voyelle du français.

En syllabe non finale les adaptations sont également variées : si, dans les mots à initiale « en- », « em- », le traitement *ẽ̌*, en dehors de la voyelle française, est régulier, cf. p. ex. *ẽ̌pwǭy*, empeigne, 19-22, à côté des formes avec *ã̌* des autres localités, cf. aussi *rã̌pǎyẽ̌*, rempailler, usité partout sauf *rẽ̌pǎyẽ̌* de quelques témoins de 8', 11, 16, charpentier c. 162, presque partout assimilé, *aẽ̌* dans la majorité des points, mais *ǭ̌* dans l'aire 1-4, 6, *ǭ* dans la région de Remiremont et *ã̌* au Val-d'Ajol, et gentil *Lex.*, qui se dit *jã̌ti* presque partout, a été adapté en *jẽ̌ti* au point 12 et en *jǫ̌ti* au point 13. Un cas notable de fausse adaptation est *dẽ̌vẽ̌tẽ̌*, tablier, 1-10, 11-22, *-ẽ̌y* 11-15, qui représente le français archaïque *devantier*.

C'est sans doute par adaptation inverse que plaindre *Lex.* est devenu *pyã̌d* (*-t* dans la région de Remiremont) d'après la correspondance fr. *ã̌* = patois *ẽ̌* dans chanvre c. 155, gendre c. 381, manche c. 468.

On a montré dans *Les Parlers*, p. 107, que la nasalisation des voyelles dans le voisinage d'une consonne nasale se produit même dans des emprunts récents comme « ménager », cf. *mẽ̌nẽ̌jẽ̌* 1-8, *-j-* 10, *-ǭjẽ̌* 18, épargner c. 304, *mẽ̌nẽ̌j*, ménage, 8, *mẽ̌dǭl*, médaille, 8', 14, 16 : toutefois cette nasalisation peut être non pas un fait d'adaptation, mais un développement postérieur à l'introduction des mots ; en effet on trouve aussi des formes sans nasalisation *mẽ̌nǭjẽ̌* 19-21, *-ã̌-* 22, *mẽ̌nẽ̌jẽ̌* 13-15 ; d'autre part *mẽ̌daule* de La Bresse, d'après le lexique de Hingre, prouve également que la nasalisation de la forme *mẽ̀dǭl* est postérieure à une première adaptation.

Bien que *wa* ne soit pas sans exemple dans nos parlers, la correspondance fr. *wa* = patois *we*, rendue consciente par des mots très nombreux, et appuyée en outre par le français populaire, ne permet à aucun *wa* fr. de pénétrer tel quel, cf. les infinitifs en *-oir* cités p. 13, framboise c. 364, *bwẽ̌t*, boîte, usité partout, etc.

Tandis que la voyelle caduque du français est uniquement *ė*, nos parlers possèdent à la fois *ė* et *ă* dans des conditions définies dans *Les Parlers*, § 27. C'est pourquoi, si les emprunts conservent facilement leur voyelle française, il arrive aussi, principalement dans la vallée de la Haute-Moselle, que les patois la remplacent par *ă*, cf.

notamment garde-champêtre c. 373, orphelin c. 536, quatre-vingts c. 625, sable fin c. 672.

Deux correspondances sont profondément senties : celle du patois *ẻ* = fr. *é* issu d'*a* latin tonique libre, quand il est en position finale et qu'il est précédé d'une voyelle antérieure ou d'un *y*, correspondance qui existe partout, sauf au Val-d'Ajol qui en ce cas dit *ǎ*, et celle du patois *ǎ* = la même voyelle fr. en position également finale, en dehors des conditions précédentes et quand un élément palatal ne se trouvait pas devant le phonème étymologique, correspondance qui embrasse les points 1-10, 12, 16-22, cf. *Les Parlers*, § 44. Elles entraînent l'adaptation de la voyelle intéressée dans tous les substantifs, même les plus récents, au point qu'à ma connaissance il n'existe pas d'exceptions, cf. d'une part *tyẻtẻ*, clarté, 1-9, 14, 18-22, *eàrìtẻ*, aumône c. 58, d'autre part *sằtǎ*, santé, *pòvrẻtǎ*, *-vẻr-* et *pórtǎ*, pauvreté, recueillis dans la vallée de la Haute-Moselle. Dans les infinitifs, il peut naturellement se produire des actions analogiques, cf. *Les Parlers*, §§ 44 et 141. *frằsǎ*, français c. 365, des deux vallées, paraît être une fausse adaptation d'après la correspondance précédente, tandis que, dans les localités 11, 12, *o* est probablement adapté d'après le traitement du suffixe *-et*.

La correspondance patois *ā* = fr. *é* issu d'*a* latin tonique suivi d'un élément palatal n'est pas, comme il pourrait sembler, simplement étymologique. Nos parlers en ont suffisamment conscience pour transformer des mots français comme maire, paix en *mār*, *pā*. *ārmār*, armoire c. 44, est une adaptation de l'ancienne forme *armaire*. Ral (de voiture) c. 635 est refait en *rā* dans les aires 11-16, 19-22 et en *rāy* (fém.) aux points 17, 18, où le mot français a dû être compris comme féminin. L'adjectif « gai », cf. joyeux c. 426, n'apparait sous la forme *gẻ* qu'au point 12 ; au point 13 et dans l'aire 1-9 il se dit *gẻy*, ailleurs *gāy*, c'est-à-dire que partout, sauf au point 12, la forme féminine l'a emporté, mais que la reformation de la voyelle n'a eu lieu que dans *gāy*. *jā*, geai c. 378, du seul point 11, où il voisine avec *jāk* de l'aire 8'-17, est d'origine douteuse ; ce peut être une réfection directe et locale de « geai », un croisement de « geai » et de *jāk* ou une survivance isolée de la forme *jā* qui a nécessairement précédé *jāk* ; cette dernière hypothèse est fortement appuyée par la présence de *jā* dans les trois villages franc-comtois 23-25. Enfin de fausses adaptations ont donné naissance à *gār*, guerre, de 9, 19, à côté de *gẻr* beaucoup plus usité, et à *rāvẻ* de 11, 13-15, *rāvǎ* de 2, 6-9, 12, 16-18, rêver c. 656.

La correspondance patois *ẻ* = fr. *ă* en toutes positions est abondamment représentée; aussi l'adaptation est-elle très fréquente, notamment dans les mots à initiale en « a- », cf. *ẻbĭ*, habit, *ẻmūzẻ*, amuser, *ẻvăr*, avare, *ẻvœ̆l*, aveugle, partout sauf *-œ̇y* 12, *ẻmădŭ*, amadou, id., sauf *ẻmẻdŭ* 12 (la forme française a été employée par un seul témoin de Bussang), *ẻstŏmẻ*, estomac, id., sauf *-ă* 12 (où *ă* final est conservé, cf. *Les Parlers*, § 63), almanach c. 29 avec sa finale *-ẻk* partout sauf chez quelques témoins de Remiremont, *dẻm*, dame, chez la plupart des témoins, etc. Naturellement la coexistence, des deux voyelles est fréquente : travailler c. 763 garde l'*a* de la syllabe initiale dans l'aire 1-6, amer c. 31 aux points 11, 14, 16, habiter *Lex*. a plus souvent *ă* qu'*ẻ*, *pẻy* paille c. 549 appartient seulement à l'aire 1-6, *mŭstẻé*, et *-ĕt-*, moustache c. 512, aux points 5, 20-22, *kẻtẻĕim* catéchisme c. 138 à l'aire 3-7, *rẻbŏ*, rabot c. 633, aux points 1, 2 et *rẻbŏtă*, raboter, à quelques localités de l'aire 1-9, *kădnẻ*, cadenas, aux points 6-8', 13, *tẻbẻk*, à côté de *tăbăk* et *tăbă*, uniquement au Val-d'Ajol, comme *ẻmẻdŭ*.

On peut voir dans *Les Parlers*, § 51, dans quelles conditions l'aire 16-22 rétablit très fréquemment *a* dans la syllabe protonique et, de leur côté, les localités 11, 13-15 développent cet *a* en *o*. En conséquence l'aire 16-22 maintient très souvent *a* français, cf. almanach c. 29, argent c. 42, attacher c. 52, balance c. 80, bavard c. 88, caillou c. 132, jarretière c. 416, labourer c. 434, sabot c. 673, salière c. 679, *ẻkrăză* écraser, *rẻmăsă*, ramasser, etc., tandis que les localités 11, 13-15 présentent *ŏ*, conformément au traitement des mots plus anciens, dans balance, bavard, labourer, rabot, raboter, sabot; notez encore *fŏgŏ*, fagot, de 11, 13-15 à côté de *făgŏ* de tous les autres points, *ẻeŏlŏt*, échalotte, de 11, 13 et *sŏlẻr*, salière, 11, *-lyẻr* 15 à côté de *sălyẻr* de 13, 14. Ce même *o* a pénétré régulièrement dans charpentier c. 162 (*ɛẻrpŏtẻy* existe aussi à Remiremont), dans des dérivés de « taper » au sens de battoir c. 86, et c'est sur le modèle de ces mots qu'on a fait *ŏrjă*, argent, qui a pénétré au Val-d'Ajol, et *ŏrmŏnẻk*, almanach, du point 13; *jŏrtyẻr*, jarretière, de 11, 13-15 doit son *o* plus spécialement à *jŏrŏ*, jarret c. 415. *o* correspondant aussi à *e* dans la région de Remiremont, cf. *Les Parlers*, pp. 87 et 89, on s'explique *sŏrfœ̇*, cerfeuil, qui a pénétré dans tout notre domaine, les formes de gésier c. 388 avec un *o* presque aussi répandu, et la forme *krŏsŏ*, cresson c. 228, de Remiremont.

Dans tous nos parlers *a* devient fréquemment *o* sous l'action de consonnes labiales voisines, cf. *ibid.*, § 58, et, pour beaucoup de mots français empruntés, il est impossible de reconnaître si la transformation a eu lieu par imitation ou après l'emprunt, ou si encore le mot n'a pas été pris tel quel à des parlers voisins : *rǒvă*, rêver, du point 1, à côté de *rāvă* cité plus haut p. 27, montre que le développement peut se produire après l'emprunt. Les exemples les plus notables sont *bǒtǒ*, bâton, *vǒlǒ* ou *-ă*, valet, *pǒpyĕ*, papier, partout sauf *păpyĕ* 12, « patience » cité p. 25, almanach c. 29, *fwǒĕĕ* et *-ϵ-*, tâché, *mwǒṇĕ* et *mǒ-*, manier, *brǒv*, brave, d'où *brǒmā̆*, *-ǒ̃*, bien, beaucoup, *ǒbyĕl*, *-yăl*, *ǒbĭl*, habile, v. p. 20, *ǒpĕtĭ*, 12, *aupéti*, appétit, La Bresse, d'après Hingre, *ĕtrǒpă*, attraper, 2, 5, 6, *ĕskǒbĕl*, escabeau de bois, 5 et *ĕč-* 19, *dǒmā* = fr. damas, espèce de prune, 4, 7, 14, *kǒp* = fr. cape, bonnet de coton, 1, 2, 5. Mais c'est par une fausse adaptation qu'on a fait *kǒlĕ*, câlin, 9, *gǒl*, *gǒlŭ*, gale, galeux, *kǒl* = fr. cale *D. G.* s. v° cale 2, espèce de bonnet, 2, *gǒlă*, étriller, *gǒlœ̆r*, étrille, du Val-d'Ajol, qui se rattachent au fr. *galer*, gratter, frotter, cf. *Les Parlers*, pp. 263-4, *mĕdǒl*, médaille, 8', 14, 16, les formes de « ménager » avec *ǒ*, cf. supra p. 26, et aussi *ǒjĕ*, *ǒhĕ*, *ǒhā̆* des deux vallées, aisé c. 16, après avoir passé par *ă-* qu'on trouve encore dans la région de Remiremont.

Si *eu*, grâce à la fréquence du phonème *œ* dans nos parlers, est adopté dans de nombreux mots, comme on l'a vu p. 21, la correspondance patois *u* = fr. *eu* amène une certaine quantité d'adaptations, cf. *ĕyūr* de l'aire 17-22, ailleurs c. 13, *mǒlŭr*, malheur, de 2, 8, 8', 9, 21 à côté de *mălœ̆r* de 2, 4, 5, 7, 9, 10, 15, 16, 19 et surtout les adjectifs en « -eux », v. plus loin, p. 34.

Sur le modèle de la correspondance patois *u* = fr. *o* ont été adaptés *pŭϵ* et *-ϵ* 1-18, poche c. 589, *ĕrlŭj* 1-7, *-ŭj* et *-ϵ* 12, horloge c. 412. D'après une autre correspondance, inverse de la précédente, cf. p. ex. *gǒt*, goutte, a été refait *sǒf* 20-22, *ṩǒf* 19, soufre. Enfin, une troisième correspondance patois *œ̆* = fr. *u* a donné naissance à *sœ̆fr* 12, 19, *sœ̆f* 18, cf. *Les Parlers*, pp. 21, 28 et 32. Mais c'est surtout dans la syllabe protonique que les deux premiers types de correspondances ont provoqué de nombreuses adaptations : comparez d'une part *bŭnǒ* 1-15, *-ă* 16-18, bonnet, *kŭrbăy* 16-22, corbeille c. 212, *kŭrbĭyǒ* 9, 10, 16-22, corbeille à pain c. 213, *kŭrdǒṇĕ* 7-10, 17-22, cordonnier, et d'autre part *bǒnă*, bonnet, 19, 20, *bona* Hingre, les formes de « bouquet » au sens de fleur c. 351 *bŏkŏ* 1-7, *-ŏ* 13, *-ĕ* 11, *bŏrlĕ*, 1-8, 10, *-ĕy* 11, 13-15, bourrelier c. 112.

Sur le modèle de *tyŏ*, clou, *mŏ*, mou, etc., tous nos parlers ont refait *kŏ*, coup, d'ailleurs préparé par *kŏpā*, *-ĕ*, couper, vraisemblablement plus ancien, *kĕyŏ* 1-10, *kwĕ-* 11-15, *kă-* 16-22, caillou c. 132, *fŏ*, fou, partout sauf *fū* 11, 13, 14, 16, *fū* 22.

La correspondance patois *œ* = fr. *ui* n'a amené l'adaptation que d'un emprunt assez ancien *ŏjdœ*, *-y* 1-16, aujourd'hui, dont le caractère étranger n'apparaît que par la présence d'*ĕnœ* 17-22; mais puiser, malgré *pœ*, *-y*, puits, conserve partout *u*: *pūjĕ* 1-8', 11, *-bĕ* ailleurs sauf *-bī* 17, 18, fait sur le modèle de « pertuisier », trouer c. 769.

u, qui se maintient ordinairement, cf. *ūzĕ*, user, etc., est transformé en *œ*, *e* d'après les traitements exposés dans *Les Parlers*, pp. 21 et 28, dans *jœt*, *j-*, juste, usité partout, *sœk* 8-22, sucre, *mœzĕ*, museau, et *mœzlĕ*, museler, des localités 1, 2, 4, 7, 11, 12, 13, 15, 18, 19 ; *kūyĕ* de l'aire 1-8, cueillir, est une adaptation inverse, de même que *krūsŏ* de 14, cresson c. 228. Quant à l'*u* de *fyūtā* = a. fr. *flaüter* de l'aire 1-7, siffler c. 710, c'est une adaptation d'après des mots tels que truelle c. 770, où l'*u* latin a été conservé dans la syllabe protonique, comme on l'a montré dans *Les Parlers*, § 34 ; c'est ainsi qu'il faut expliquer *trūyā* = fr. *truand* des seuls points 9 et 10, paresseux c. 552, et sans doute est-ce à une adaptation inverse que sont dus *brūyar* de 2, 3, 8, 8', 13, 14, brouillard c. 122 et *brūvŏt* de 1-10, brouette c. 121.

On a déjà signalé dans *Les Parlers*, p. 115, que, sur le modèle de plusieurs mots où *e* devient *i* entre consonne et *r*, moucheron est devenu *mwĕirŏ* dans l'aire 1-7 et chevron est partout refait avec une terminaison *-irŏ*; à ces exemples on peut ajouter *jānitŏ* du point 20, hanneton c. 405 ; mais les formes de « médecin » avec *i* le doivent à une autre cause, comme on le verra plus loin.

Sur le modèle de « peine, veine » qui, dans tous nos parlers, ont *we* ou *wo*, cf. *Les Parlers*, p. 101, « empeigne » est à peu près partout adapté : *āpwĕŋ* 1-9, 12, 15-18, *-wŏn* 13, *ĕpwŏn* 19-22, mais *āpĕŋ* 18, *-ĕŋ* 11, 14.

ADAPTATION DES CONSONNES

Le développement d'un *w* après les consonnes labiales est un trait typique de nos parlers, cf. *Les Parlers*, p. 63 ; c'est pourquoi nombreux sont les emprunts plus ou moins anciens qui en sont pourvus, cf. marchand c. 477, marché c. 478, marquer c. 481, *bwĕrĭ* 1-18, *bwără* 19-22, baril, *bwĕtrĕmĭ* et *-tĕr-*, Barthélemy, recueilli en quelques points, et même *mwĕn*, manne, suc des plantes que les abeilles recherchent pour en faire le miel, attesté seulement à Remiremont. Toutefois il est impossible de décider si ces formes sont dues à une adaptation ou à un développement spontané postérieur à leur emprunt. Au contraire c'est sur le modèle de ces mots et aussi sur celui de mots comme *kwĕt*, quatre, que nos parlers ont traité *kwĕyŏ*, caillou, de l'aire 1-15, *rāgwĕn* 1, 5, 6, 16 et *rāṅgwĕn* 19, 22, rengaîne, *kwăt* et *kwŏt*, carte, cette deuxième forme de l'aire 16-22 et avec un *ŏ* d'après *mwŏrĕn*, marraine, et les mots étudiés p. 29.

L'aire 1-8, 19-22, conservant *ĕ*, *j*, adapte très volontiers les consonnes françaises correspondantes, p. ex. *ĕtĕ*, château, *jĕ*, geai, *kĕj*, cage, *jŏj* et *jwŏj*, Saint-Georges (23 août), etc. Mais les cas de non-adaptation ne sont pas rares, parce que la réduction de *ĕ*, *j* à *є*, *j* est déjà représentée dans toute l'aire, et que des *є*, *j* d'autre origine existent dans l'aire 1-8 : si vendanger se dit *vōdōjĕ* 1-8, *vŏdŏ-* 19 et si *kătĕĕim* ou *kĕ-*, catéchisme c. 138, appartient aux points 1-7, 19, 22, *jă*, Jean, n'a été indiqué qu'aux points 2, 4, 20, *ĕāpĭnŏ*, champignon, qu'aux points 1, 20, et garde-champêtre c. 373 est partout emprunté avec *є*.

s devant consonne persiste encore sous les formes *ç*, *h* dans l'aire 16-22, cf. *Les Parlers*, § 43, ainsi s'expliquent *ĕçtimĕ*, estimer de 18-22 et *bwăçtyĕ*, Bastien, de 19, 20, 22 ; si « juste » se dit partout *jœt*, *j-*, c'est que ce mot a pénétré dans l'aire 16-22 avec la prononciation sans *s* qu'il avait reçue dans les autres localités.

Le Val-d'Ajol a amuï toute *s* devant consonne, mais à *s* du français correspond fréquemment un *ĕ*, p. ex. dans *ĕyœ̆*, sœur c. 714, etc. : de là les formes *ĕĕtimă*, estimer, *ĕĕyĕt* assiette, *krĕĕŏ* et *-ĕ-*, cresson c. 228, *păĕyăs*, patience. C'est de la même façon que s'explique *ĕŏf*, soufre, du point 19.

Dans tous nos parlers *r* s'amuït devant les dentales *t*, *d* ; aussi tous disent *tăt*, tarte, *kwăt* et *kwŏt*, carte. De même *r* tombe dans la majorité des localités devant *ŋ* de charnière c. 161. Devant les chuintantes *ĕ*, *j*, *є*, *j* l'amuïssement de *r* n'a pas la même régularité, cf. *Les Parlers*, p. 122 ; aussi, dans marché c. 478 *r* ne tombe que dans l'aire 8, 8′, 18-22, dans marchand c. 477 que dans l'aire 20-22, dans argent c. 42 que dans l'aire 18-22 ; « ärchal » dans « fil d'archal » se dit *ǎěǎ* 19, 21, *ǎeň* 18, mais *ěréǒ* aux points 2, 5 ; enfin dans maréchal-ferrant c. 479 *r* ne tombe nulle part.

wětè, gâteau c. 376, du seul point 19 montre une remarquable adaptation du *g* initial d'après la correspondance fr. *g* = patois *w* dans les mots d'origine germanique tels que « garder », etc., cf. *Les Parlers*, p. 14.

Il semble bien aussi qu'*ěvœ̀y* 1-10, 15-22, *-œ̀y* 12 à côté d'*ěgœ̀y* 11-14, *-œ̀y* 12, aiguille, et aiguiser c. 12, qui a un *v* aux points 12 et 14 (et aux points 11, 15, 17 où il est en concurrence avec *g*) doivent leur *v* à une adaptation de même origine, car on a vu *ib.* qu'un nombre important de localités présente *v* à côté de *w*.

La métathèse de *r* dans la syllabe initiale, régulière dans nos parlers, cf. *ib.*, p. 49, se produit dans de nombreux emprunts ; brebis c. 118, bretelle c. 119, cresson c. 228, grenouille c. 400 la subissent presque partout ; elle est fréquente aussi dans grelot c. 398, mais écrevisse c. 276 ne la présente nulle part.

Le développement de *l* en *y* après les explosives a partout atteint *pyẽ*, plat (ustensile de ménage), trembler c. 766, blé c. 101, mais d'autres emprunts pénètrent sans modification de *l*, par ex. *blœ̀*, bleu, *pœ̀pliyẽ*, peuplier ; au sens de plateau de montagne, v. la c. 586, *pyẽtǒ* et *-ẽ* n'ont été indiqués que par deux témoins, 2 c et 1b, tandis que *plătǒ* est la forme usuelle.

Les consonnes finales ont une tendance générale à s'amuïr, cf. *Les Parlers*, § 29. Le *r* final a disparu à peu près sans exception ; cependant nous voyons nos parlers le reprendre dans les infinitifs en *ir* et *wér*, cf. *supra*, p. 13. En combinaison avec une consonne précédente il est plus résistant, et les emprunts de dates diverses, tels que cendre c. 143, encre c. 292, garde-champêtre c. 373, vinaigre c. 794, cf. aussi « aigre, maigre » p. 22, se comportent de façons fort diverses.

Conformément aux habitudes de nos parlers, *l* finale est tombée complètement dans *fĭlyœ̀*, filleul. Le Val-d'Ajol réduit *gl* à *gy* dans *ěpĭgy*, épingle, et même à un seul *y* dans *ěvœ̀y*, aveugle. Le traitement de table c. 735, *tǒy* 1-11, 13-18, *twǒy* 12, représente probablement aussi une adaptation, cf. *Les Parlers*, p. 148. On trouve en outre *gl* et *bl* réduits à *l* dans *ěvœ̀l*, aveugle, partout, sauf au Val-d'Ajol, et dans *dyǎl* 18-22, diable, *mœ̀l* 19-22, meuble. L'adaptation la plus simple consiste à laisser tomber *l* finale, p. ex. dans *ěpĭg* 1-10, 16-

18, *-k* 11, 13-15, *-ing* 19-22, *dyāb* 1-10, 16, 17, *-p* 11-14, mais *mœ̄p* de 11c est isolé à côté de *mœ̄bl* 11-18,.et sable c. 672 conserve partout *bl*. Enfin l'amuïssement fréquent du *y* final a causé *sórfœ̄*, cerfeuil, usité à peu près partout.

Une curieuse adaptation inverse est celle du mot « lard » qui ne se dit *la* qu'au point 12, tandis que les autres localités ont une forme *lart* avec un *t* final difficile à expliquer. Peut-on, dans un tel mot, voir une influence graphique ?

TRAITEMENT DES SUFFIXES

Le traitement des suffixes mérite d'être considéré à part et dans une étude d'ensemble ; on conçoit en effet que la correspondance du patois et du français doive ici être tout particulièrement sentie, et cependant, si les adaptations sont fort nombreuses, la puissance de pénétration du français s'y manifeste aussi d'une façon remarquable.

Le suffixe *-age* est ordinairement adapté, cf. p. ex. *vilèj* 1-8, 19-22, *-èj* 8'-10, 17, 18, *-èe* 11, 16, *-èe* 11-15, *-èj* 12, village ; mais dans « orage », il voyage c. 809, l'adaptation ne se produit que dans une partie des localités, et dans « âge » elle n'a lieu nulle part.

Le suffixe *-al*, dans des mots aussi peu patois que « matinal, animal », devient *ǒ* dans quelques localités, et d'une façon analogue « archal » est devenu *èrèǒ* dans la vallée de la Haute-Moselle, tandis que, dans celle de la Moselotte, *al* est réduit dans ce mot à *a*, cf. *supra*, p. 32.

Malgré la fréquence du suffixe *-a* = fr. *ard*, cf. *rnā*, renard, brouillard c. 122 n'est nulle part adapté, non plus que *sǖdār*, soldat ; et de même *èvār*, avare, garde partout son *r*.

Au contraire, malgré le peu de vitalité des mots « chaussée, nichée » dans nos parlers, et l'adoption fréquente de la forme française, on entend aussi *ɛōsī* 12, *ɛ̄ōsyèy* 21, *nièy* 2, 8, *-ɛ-* 8', 11, *-ɛāy* 14.

La correspondance du suffixe fr. *eau* = patois *è* est une des plus vivement senties, cf. par ex. *ɛ̄èpè*, *ɛ̄ètè* 1-8, 19-22, *ɛ-* 8'-18, chapeau, château. Cependant les emprunts sans modification du suffixe sont assez nombreux. Si nos parlers ne disent que *sīzè*, ciseaux, et si *sīzó*, ciseau de menuisier, ne s'emploie qu'aux points 11, 14, *fǖzó*, fuseau c. 371, est aussi fréquent que les formes adaptées, *trènẻ*, traîneau c. 762, ne provient que d'un seul témoin de Remiremont et *pyĕtẻ*, plateau c. 586, de même que d'un seul témoin de Bussang, cf. p. 32. Enfin moineau, poireau, poteau, tuyau se disent partout *mwènỏ*, *pŭrỏ*, *pŏtỏ*, *tŭyỏ*. Rideau c. 660, à côté de *rĭdẻ*, présente dans la majorité des localités des formes en *-yỏ* : *rĭdyỏ*, *rŭ-*, *rœ̆-* dont on peut rapprocher *sĭzyỏ*, ciseau, de 11, 13, et dont l'origine et les rapports avec les formes en *ẻ* sont obscures. Faut-il considérer *yỏ* comme le pluriel du suffixe, qui n'aurait survécu que dans ces formes ? L'opinion exprimée par deux témoins des localités 4 et 17 que *rĭdẻ* est moins usuel, moins patois, appuie cette interprétation.

Le suffixe *-et* est adapté à peu près partout dans « bouquet » au sens de fleur c. 351, hoquet c. 411, *bŏkẻ* et *hŏkẻ* n'existant que dans le voisinage de Remiremont, mais chevalet c. 180 ne l'est pas dans l'aire 18-22, *tăbŭrẻ*, *bŭfẻ* et *bĭfẻ*, buffet c. 127, sont aussi usités que les formes adaptées ; *myŏ*, muet, *myăt* fém. n'existent qu'aux points 13 et 12 et *muyŏ*, *-ŏt* dans « sourd(e) -muet(te) » qu'aux points 12 et 14 ; « muguet » même garde sa terminaison partout, ainsi que *rĕsiṅŏlẻ*, rossignol c. 666, là où on emploie ce dérivé qui provient, d'après M. Gilliéron, *op. laud.*, p. 188 note, d'une chanson très répandue, et plus remarquablement encore *bŏzẻ*, issu de bouse, sans modèle français, et à côté duquel *-ă* n'existe qu'au Val-d'Ajol. Au féminin allumette c. 28 est adapté dans la majorité des localités, fourchette c. 359 l'est dans l'aire 16-22 et au point 12 ; mais l'emprunt certainement ancien « villette » au sens de vrille c. 810 ne l'est qu'aux points 11, 12, 16, omelette c. 532 qu'au seul point 12 ; enfin le type « arrosette » pour désigner l'arrosoir de jardin, créé sans modèle du français central, comme « bouset » cité plus haut, garde, lui aussi, *-ẻt* dans la plupart des localités et n'a son suffixe adapté que dans la région de Remiremont : *ẻrŏzŏt* 11, 13, 14, *-ăt* 12, et *-ŏt* chez un seul témoin de Bussang.

Le suffixe d'adjectif *-eux* paraît avoir été pris tel quel, comme on l'a vu p. 14. Cependant le sentiment de la correspondance fr. *eu* = pat. *u* amène dans plusieurs adjectifs empruntés la substitution d'*u* : « boiteux », partout où il a été recueilli, a une terminaison *u* : *bwĕtyu* 2, 6, 10, 13, 14, *bwẻtu* 12, *bwẹ̆tyu* 18-22, tandis que dans joyeux c. 426, paresseux c. 552, « malheureux », les deux traitements sont en concurrence.

La forme patoise *ẻ*, *ẻy* masc., *ẻr* fém. du suff. *ier* pénètre partout dans charpentier c. 162; sauf chez quelques témoins isolés, elle est également la seule usitée dans bourrelier c. 112, charbonnier c. 156, gésier c. 388 (peu importe ici le type étymologique du suffixe de ce mot); mais *ẹ̄sẹ̄*, acier c. 10, n'existe que dans les deux vallées et en lutte avec *ẹ̄syẹ̄*, *grẹ̄vẹ̄*, gravier c. 396, que dans les deux vallées, plus *-ẹ̀y* au Val-d'Ajol, tonnelier c. 756 n'est adapté qu'aux points 2, 11, 12, 14, 15, sabotier c. 674 que dans l'aire 11-15, *čǭdrǫ̈nẹ́y*, chaudronnier, qu'aux points 11, 14, 15 et *bräkunẹ̄y*, braconnier, existe uniquement au Val d'Ajol; enfin *mnūzyẹ̄*, menuisier, *sẹ̄rūryẹ̄*, les différentes formes de « cordonnier » ont partout conservé l'état français du suffixe. De même « chaudière » est partout adopté sauf dans *čǭdyẹ̄r* de 12-14, mais *sǫ̈lẹ̄r* de 11, *sàlẹ̄r* de 12 sont les seules formes adaptées de salière de table c. 679, et charnière c. 161, jarretière c. 416, lisière c. 457 gardent partout le suffixe d'origine.

Le masculin « cimetière » est partout *sẹ̄mtẹ̄r* (*sẹ-* au Val-d'Ajol) avec une terminaison semblable à celle du français.

Enfin le suffixe *-ment* des substantifs et des adverbes est adapté partout et sans exception.

*
* *

En théorie les faits d'adaptation, tels qu'ils viennent d'être exposés, se distinguent des développements phonétiques. Mais en pratique il est parfois difficile de distinguer les uns des autres : l'adaptation se reconnaît aisément comme telle, soit dans les cas d'adaptation analogique, soit quand la prononciation patoise représente un état phonétique relativement ancien. Mais quand le phonème patois résulte d'un développement récent et qui semble même être encore en pleine activité, il est évident que le traitement du mot français emprunté peut être considéré comme dû non pas à une adaptation immédiate, mais à une modification phonétique postérieure à l'emprunt : tels sont notamment le traitement des voyelles labialisées p. 26, le développement d'un *w* après les consonnes labiales p. 31, l'amuïssement de *r* devant les chuintantes id., la métathèse de *r* en syllabe initiale p. 32, ou encore le flottement de *i*/*u* signalé dans *Les Parlers*, p. 105, cf., outre les exemples cités, *mĭrgẹ̄* 1-8′, 14, 16-22, *mĭgẹ̄* 1 à côté de *mŭgẹ̄* 1, 9, 11, 12, 13, 15, *ẹ̄rmĭyẹ̄*, « remuer », de Remiremont et *rmĭyä* 12 à côté de *rẹ̄mūyẹ̄* 11, *ẹ̄rm-* de la majorité des points, tisonner c. 751, *sirô* de Remiremont à côté de *sürô* du même point et de 10, 15, sureau c. 734.

La question qui se pose à propos de ces faits se résout affirmativement dans un certain nombre de traitements qui ont été intentionnellement laissés de côté et qui, sans aucun doute, sont dus à des développements purement phonétiques, à savoir celui d'un phonème de liaison *h* dans *fyèhè* de 2-6, fléau c. 350, cf. *Les Parlers*, p. 121, celui d'un *v* dans le même mot *fyèvè* de la majorité des localités et dans brouette c. 121, celui d'un *y* dans *fyèyè*, fléau, de 1, 2, les formes de « remuer » citées plus haut, *müyè*, muet, de la majorité des points, *trüyă* et les autres formes de « truand » au sens de paresseux c. 552. La métathèse de *r* dans *tèryă* de 17-22 est nécessairement postérieure à une modification de la voyelle protonique, et il faut interpréter ainsi non seulement *èkèrwèl* du seul témoin 5, écrouelles c. 277, mais *bèrwăt* de 18, 19, brouette c. 121. On peut encore signaler la dissimilation consonantique qui a produit *filyår*, filleule, de presque tout le domaine, *kàlnă*, cadenas, de 11, 14, l'assimilation d'une consonne sonore suivie d'une sourde en deux sourdes dans *rèsìpèl*, érésipèle, de presque tout le domaine, celles qui ont atteint gésier c. 388 : *jejèy* et *jèjă* de 11, *jìjè* de 17, et en sens contraire *zèzyè* de 16, 20, ou encore celle qui explique *sòfsürì* de 19 c, l'assimilation vocalique dans *ègrivìs*, écrevisse c. 276, de plusieurs points de deux vallées, peut-être celle aussi de *pìpì(y)*, pépie c. 566, de Remiremont et de l'aire 16-22 et la chute, par haplologie, de la première syllabe dans *pī(y)* de l'aire 1-15, si ce mot est emprunté.

Quelques modifications de mots empruntés sont d'origine obscure: on a déjà signalé p. 22 *kàtèkìs*, catéchisme du point 12, citons encore *sim*, signe c. 711, de la majorité des localités, *mirgè*, cité plus haut, et les différentes formes d'almanach c. 29 dont le groupe initial *arm* dépasse de beaucoup notre domaine. Tous ces mots représentent de simples corruptions ou cachent des étymologies populaires.

COMMENT ON RECONNAÎT L'ADAPTATION

L'adaptation du mot français se reconnaît aisément, en dehors des traits signalés plus haut, quand elle est seulement partielle ; par exemple dans *rèzī*, *-ī*, raisin, seule la voyelle est assimilée, mais la consonne intérieure n'est pas modifiée, comparez *kòjin*, *-hin*, cuisine

c. 237. Il en est de même de mots comme *ètrey*, étrille, *ètren*, étrenne, avec leur *e* initial conservé partout et l'absence de *s* devant *t* dans l'aire 16-22 qui la conserve dans beaucoup de mots, cf. *Les Parlers*, § 43.

Mais souvent la nature étrangère du mot ne se laisse pas aussi aisément discerner : il faut examiner de près l'histoire des traitements phonétiques. Dans *pêĕ*, *-ε*, *pwêĕ*, *-ε*, perche, l'emprunt se révèle par l'absence de voyelle diphtonguée, cf. la forme ancienne *pierche* signalée dans *Les Parlers*, p. 80. La famille de mots *kwêtŭ*, *-yŭ*, pressé, etc., qui se rattache à l'a. fr. *coitier*, présente un traitement vocalique en désaccord avec *krœ(y)*, croix. *sér*, suivie, garde un *s* pur, alors que dans six c. 712 le *y* de l'ancienne diphtongue *ye* le transforme en *ε*, *ç*, cf. *Les Parlers*, § 47. Au contraire *εĕ*, *çe(y)*, suif c. 730, de l'aire 8-22 n'est explicable que par le croisement d'une forme ancienne **se(f)* < *sebu* avec *εŭ* de l'aire 1-7, cf. *infra* sur cette forme. Si *pœ(y)* représente régulièrement « puits », « puiser » qui a partout un *u*, v. les formes p. 30, ne peut être qu'un mot adapté. La présence d'une consonne épenthétique rend tout mot suspect d'être emprunté, non seulement dans des cas évidents comme chambre c. 151, mais dans d'autres tels que cendre c. 143, « joindre » au sens d'atteler, « plaindre », v. les formes p. 26, cf. encore sur cette question plus haut pp. 13 et 20 et, sur le traitement d'*i* devant *l*, p. 20.

Certains cas sont plus délicats : un traitement n'apparaît comme influencé par le français ou une forme comme empruntée que par la comparaison d'une forme concomitante plus ancienne.

Si *εŭ*, suif, de l'aire 1-7 doit être considéré comme issu de l'ancien fr. emprunté *siu* (et probablement par l'intermédiaire des parlers franc-comtois, vu la configuration géographique des faits), ce sont les formes *εĕ*, etc., citées et expliquées plus haut, qui le montrent. *mêr*, *pêr*, usités partout, ont été refaits d'après le français, au moins dans une partie de notre domaine ; car j'ai relevé à Saulxures et à Ventron les formes *mwêr*, *pwêr*, au sens de femelle, mâle, et Hingre, dans son lexique de la Bresse, donne des indications semblables : « *Mwère*, mère, femelle, nourrice, en parlant des animaux. *Mwère-laitte*, latte plus grosse que les autres et la première en bas du lattis. — *Pwère*, mâle, père, en parlant des animaux, et surtout des petits animaux (indication identique à celle d'un témoin de Saulxures qui m'a dit que *pwêr* s'emploie surtout en parlant des petits animaux et principalement des oiseaux). *Pwère-laitte*, la latte supérieure du lattis. » *fŭgĕr*, *-j-* de l'aire 1-17, fougére c. 356, est visiblement refait d'après le français en présence de *fŭlĕr* de l'aire 17-22. Il en est de même de *brŭyĕr*, bruyère, à côté de *bĕrwĕr* de 20-22, *brĕr* de 17, *blĕr* de 19, *brĕl* de 17. De même le *v* (*f*) final de chanvre c. 155 à côté de *sĕm* de 8′, comme le *s* initial de *sŭ* de 1-11, 13-16, sur c. 733, à côté des formes avec *ŝ*, *š* des autres localités révèlent sans doute une influence française. Dans *Les Parlers*, p. 144, les deux cas précédents ont déjà été considérés, et on a admis que nous sommes en présence d'un mélange de parlers. Toutefois c'est là une explication incomplète ; il y a certainement mélange de parlers, mais ce mélange a été aidé et même, peut-on dire, provoqué par l'influence du français.

Parfois c'est l'histoire du vocabulaire proprement dit qui révèle l'origine étrangère de mots dont la forme est parfaitement régulière. Dans certains cas c'est le caractère du mot français, dans d'autres c'est la rivalité de deux mots patois qui atteste l'emprunt.

Si *rnà*, renard, forme unique de tout le domaine, peut être sans hésitation déclaré un terme emprunté, et adapté, c'est parce qu'on sait que le nom propre « Renard » a supplanté au moyen âge le fr. *goupil*, par suite du succès du célèbre *Roman de Renard* et que sa diffusion n'a pu se produire que sous l'impulsion du français. Il en est vraisemblablement de même de *lĕpī*, lapin, usité partout, car l'extension de « lapin », qui a éliminé dans presque toute la France les représentants directs ou indirects de *cuniculus*, cf. *ML. EW.* n°s 2397 et 4902, ne peut pas s'expliquer sans l'action puissante du français. *mwĕrkă*, *-ăr-* de l'aire 1-10, 12, 16-22, marquer c. 481, ne peut être que l'adaptation du français *marquer*, probablement emprunté à l'italien *marcare* et récemment substitué à une forme antérieure *marcher*. *kŭyĕ* de 1-8′, 19, 22, à côté de *kœ̆yĕ* des autres points, cuiller, révèle l'emprunt ; car cette forme ne peut s'expliquer que par le fr. qui suppose lui-même un croisement avec un mot tel que *cuire*. Le caractère étranger de *mălĕ*, marguillier, usité dans la plupart des localités et des formes d'« archal » citées p. 32 ressort de l'histoire du fr. *marguillier* < *matricularius* et de celle d'*archal* < *orichalcum*. Le développement sémantique de personne c. 573 au sens de pronom négatif est trop particulier pour que le même fait, présent dans nos parlers, n'y soit pas emprunté ; de plus l'existence de *nœ̄* dans l'aire 23-26, correspondant à l'anc. fr. *neun*, composé de *ne* + *un*, avec croisement probable de *nul*, cf. *ME. EW.* 5868, favorise cette explication. « Boiter, boiteux » ont également une origine si singulière qu'évidemment les formes de nos parlers, malgré leur apparence patoise, v. p. 34, ne peuvent être que des adaptations.

L'origine étrangère de *tùrè* du Val-d'Ajol et de *tòrè* des autres points, taureau, échapperait totalement sans les données de la c. 745 ; or celle-ci montre que « taureau » a été emprunté au français et qu'il a à peu près complètement éliminé le terme antérieur *byœ̀*, bœuf, qui ne subsiste plus que dans quelques localités et ordinairement en concurrence avec « taureau » dans l'expression particulière: « mener une vache au taureau ». « Asseoir », malgré ses formes en apparence locales, cf. les c. 47-51, est adapté du français et est venu se substituer à un mot local du type latin **assedilare*, cf. *ML.EW*. 722, en se croisant avec lui ; le mot local existe encore partiellement à l'infinitif et au participe. Hingre signale *aikhètè* à la Bresse, et j'ai relevé de mon côté *èçèti* à l'impératif 2 p. p., 20-22, *i m èçètè*, je m'assis, 21, 22, et *èçèt*, *èçèt* à l'impératif 2 p. s. dans la majorité des points. *òjdœ(y)*, aujourd'hui, de 1-16 est si complètement adapté que seul le mot *ènœ̀* = a. fr. *anuit* de 17-22 permet d'en reconnaître le caractère étranger. Les formes de « joindre » au sens d'atteler c. 54, que le *d* épenthétique rend suspectes, v. p. 37, apparaissent plus clairement comme des adaptations, quand on voit un représentant d'*applicare* subsister au point 26, tout voisin de notre domaine. « Arranger », employé au sens de soigner le bétail, c. 46, malgré des formes bien locales et son développement sémantique particulier, doit être considéré comme adapté en présence d'« arriver » de même sens aux points 13, 14, 22, cf. *Les Parlers*, p. 247. Apprivoiser c. 36 doit être interprété de même, eu égard aux formes de l'aire 10-16 *èprèjè*, *-hè*, *-ihè*, issues d'un croisement avec un ancien verbe = a. fr. *aprisonner* attesté à Uriménil, cf. *ibid.*, p. 246. Les formes de « percer », *pàsè* 1-8', 11, *-ç-* 9-11, 13-17, 19-22, *-çi* 18, *pèçè* 12 ne peuvent être qu'adaptées, puisque *pertusiare* a partout une forme non syncopée au sens de trouer c. 769. *drè d lœ(y)* de 1, 3, 11, drap de lit c. 260, *bèkò*, beaucoup, de Remiremont, *jèdi* de 12, *jèdi* de 20, jardin c. 414, sont visiblement des adaptations du français en présence des termes locaux *tèsyœ̀*, v. p. 25, « tout plein » au sens de beaucoup des autres points, les différents mots désignant le jardin, v. *Les Parlers*, p. 282. *bwèrjiròt* 5, *bwàrjiràt* 19, *bwàj-* 20-22, bergeronnette c. 97, sont nécessairement empruntés au fr. *bergerette*, puisque le mot berger est totalement inconnu de notre région. Il est probable que charge c. 158 a la même origine, car il est encore en concurrence en plusieurs points avec *fẹ̀dẹ̀* = fr. fardeau. Toujours c. 759 pose un problème dont l'explication est délicate : *tǒkwẹ̀* de l'aire 17-22 invite à considérer « toujours » des autres points comme emprunté au français. Mais l'explication de *tǒkwẹ̀* par *tout* + *coi* admise dans *Les Parlers*, p. 312, à la suite de M. Horning, est mauvaise. Ce type étymologique est sémantiquement peu vraisemblable, et MM. Gilliéron et Roques ont eu raison de voir un composé « *tout* + *coup* » dans les formes correspondantes de parlers voisins, cf. *Études de Géographie Linguistique*, Paris, Champion, 1912, p. 113 (il n'y est pas précisé qu'il s'agit de ces formes, mais la carte de l'Atlas ne contient que celles-là). Toutefois, dans nos parlers de l'aire 17-22, qui disent *kǒ*, coup, cou, sauf *kwǒ* 22, *tǒkwẹ̀* ne peut pas être indigène. Et en effet c'est un emprunt aux parlers de la région de Gérardmer : c'est à Gérardmer nº 76 que l'*Atlas linguistique de la France* signale *tộkŭ*, outre, au point plus septentrional 78, *tộkŭ*; c'est également dans le voisinage qu'Adam a relevé *toćou*. Mais nos parlers, en empruntant ce mot, l'ont transformé en *tǒkwẹ̀* par une adaptation inverse d'après la correspondance de *we* de leur propre usage = *u* dans la région de Gérardmer, cf. p. ex. *pwér* d'une part et *pŭr* de l'autre, poire [1]. Cet emprunt n'est pas seulement intéressant pour l'histoire des relations de nos parlers avec ceux des vallées septentrionales : à cet égard il sortirait du cadre de la présente étude. Il est une preuve, indirecte mais, à notre avis, très forte, de l'origine française de « toujours ». Il est en effet tout à fait improbable que *tǒkwẹ̀* se soit substitué à « toujours », qui eût été trop solidement établi dans nos parlers, grâce à l'appui que lui eût donné le français : c'est un représentant de *sempres* devenu inexpressif qu'il a éliminé. Mais si *sempres* [2] existait dans la vallée de la Moselotte, il devait être également le mot des autres parlers de notre domaine, et il en résulte que « toujours » y est emprunté au français.

1. Cet emprunt, qui s'ajoute à plusieurs autres signalés dans *Les Parlers*, p. 145, de la même provenance, est dû à un déplacement de populations qu'un document du XVIIe siècle nous fait connaître, cf. *ibid.*, *Introd.*, p. XII. Il y a là un accord de l'histoire et des données linguistiques, sur lequel nous n'avons pas suffisamment insisté dans notre précédent travail.

2. D'après la carte toujours de l'*AL.*, *toudis* n'existe que dans le Nord-Est, et rien ne permet de supposer qu'il ait été employé dans les parlers lorrains.

Dans d'autres mots c'est l'histoire de la civilisation qui permet de reconnaître l'emprunt : tel est le cas d'allumette c. 28 avec ses formes *ĕlmŏt*, *-ăt* de la majorité des localités, de *fŭεăt*, *-έ-* de l'aire 17-22 et de *fŏrεăt* de 12, fourchette c. 359, d'horloge c. 412, de pomme de terre c. 595, cf. *Les Parlers*, p. 299, etc.

*
* *

L'abondance des exemples cités montre quelle est la puissance d'adaptation de nos parlers. Sans doute beaucoup de formes, on l'a vu aussi, restent non adaptées, et il va de soi que la vitalité des mots joue un rôle considérable : pour ne citer qu'un exemple, il est clair que, si le suffixe de « traîneau » rèsta intact à peu près partout, cf. *supra*, p. 34, c'est que nos parlers possèdent des mots locaux *εlit* et *gis*, à côté desquels « traîneau » s'emploie peu. Mais cette considération, tout en gardant sa valeur, ne suffit pas : car *fŭrεĕt* de 1-15 est certainement aussi usité que les formes adaptées de la vallée de la Moselotte et du Val-d'Ajol ; et, d'autre part, il ne manque pas de cas où un mot sans vitalité réelle est adapté, p. ex. *ċĕtnĕ*, châtaignier, du témoin 2 b et *εŏfwŏ*, chaufour, de 1 a, alors que ni le châtaignier ni le chauffour ne sont connus dans les localités 1 et 2. Chaque mot, chaque forme, on peut même dire chaque témoin, demandent un examen particulier.

CAUSES DE NON-ADAPTATION.

C'est ainsi qu'il arrive dans quelques cas que l'adaptation ait été empêchée par la présence d'une forme antérieure du même mot avec un sens local : si plusieurs localités 1, 2, 19-22 disent *ălŭmĕt*, *ĕ* —, c'est que nos parlers désignaient autrefois et jusqu'à une date récente une espèce de lampe à huile par le mot « allumette » que j'ai relevé sous la forme *ĕlmăt* aux points 20-22, cf. lampe c. 440. De même l'emploi de *s(e)vĕr* au sens de civière servant à porter le fumier ou de brouette c. 121, de *mtĕ*, *-ĕy* au sens de métier à tisser a contribué à maintenir généralement sous une forme non adaptée *sivyér*, civière accrochée sous une voiture, *mĕtyĕ*, profession. Cependant, et bien que la coexistence des deux formes ait l'avantage de permettre une distinction nette des sens, la forme ancienne accepte en plusieurs points le sens nouveau : des témoins de 11,

18, 19 ont employé *s(e)vĕr* pour la civière accrochée sous une voiture, et *mĭĕ*, *-ĕy* a pris le sens de profession dans un nombre important de localités 1, 2, 6, 9, 11, 19, 21.

ADAPTATION PAR SUBSTITUTION
DE SUFFIXE OU CROISEMENT DE MOTS.

A côté du procédé qui consiste à remplacer les phonèmes des emprunts français par les phonèmes patois qui leur correspondent en réalité ou en apparence, et qui est beaucoup le plus courant, il faut faire une place spéciale à la substitution de suffixe : en effet, quand nos parlers substituent un suffixe patois à celui du mot français, c'est en somme en vue d'adapter le mot emprunté. Il en est de même du croisement de mots : quand un emprunt français est modifié par croisement avec un mot patois ou, parfois, avec un mot français plus connu, c'est que les patois tentent d'adapter le mot nouveau à un terme plus usité, et ainsi l'emprunt français reçoit une forme d'aspect plus local et qui se fixe mieux dans la mémoire.

1° *Substitutions de suffixes.*

Dans l'aire 19-22, *bwără*, baril, à côté de *bwĕrĭ* de 1-18, est refait avec le suffixe diminutif *ă* = fr. *et*, et navette c. 519 l'est à peu près partout avec un suffixe *yŏt*, *yăt* qui équivaut à la terminaison fr. *illette*. « Trémie » a pris, dans la région de Remiremont, le suffixe *œ̄r*, cf. *Les Parlers*, p. 234. « Matinal » qui, dans plusieurs localités de la vallée de la Haute-Moselle, est en concurrence avec « matineux », est, dans la région de Remiremont, refait avec le suffixe *ŏ*, *-ŏd(t)* = fr. *aud*, *aude*. L'adjectif aisé c. 16, v. aussi malaisé L., a reçu le suffixe *ă* dans la vallée de la Moselotte. Gésier c. 388 est remarquablement compliqué ; alors qu'il révèle déjà dans le traitement du radical un état fort troublé, il présente surtout le suffixe adapté *-ier*, mais 17 y substitue *ĕ* = fr. *eau* dans *jĭjĕ* et Remiremont *ā* = fr. *ard* dans *jĕjā* ; quant à *jŏzĕ* de 6, 7, c'est une formation obscure, cf. *Les Parlers*, p. 233 : la forme de ce mot contribue sans doute à ces accidents, mais ils proviennent aussi de ce que le mot est récent et mal fixé dans l'usage de nos parlers. Les formes obtenues dans la seule aire 1-15 pour désigner la muselière montrent encore plus de variété ; mais on ne peut guère en faire état ; car il s'agit tantôt de la muselière du chien, tantôt d'une espèce de muselière servant à empêcher le veau de téter, et dans l'article muselière du *Lexique* il n'a pas pu être tenu compte de cette importante différence de sens, en raison de l'insuffisante précision des notes prises.

2° *Croisements de mots.*

Dans un certain nombre de mots, ce n'est pas à proprement parler à un croisement que nous avons affaire, mais plus exactement à une rectification du patois : les sujets parlants essayent de se rapprocher de la prononciation du français, conçu comme le beau langage, et de cet effort résulte une forme hybride qui tient à la fois du français et du patois. Ainsi, à la forme ancienne de Claude c. 194, *dyȍd, -t*, dont le groupe *dy* suppose un stade antérieur *gl*, cf. *dyḕs*, glace, se substitue presque partout *glȍd, -t*. A côté de *byȍk*, boucle c. 106, de la vallée de la Moselotte, avec métathèse ancienne de *l*, *bŭkl* n'apparaît encore qu'au point 12 et *bŭk* qu'aux points 10, 11, 12, tandis que des formes hybrides *byȍk* et *blŭk* se disent, l'unę, à 13, 14, l'autre dans l'aire 1-9, 11, 15. Ecrevisse c. 276 n'a plus comme forme ancienne que *grḕbœ̄s* de 12, cf. aussi *grèbeusse* de Hingre ; mais c'est cette forme qui explique à la fois le groupe *gr* de toutes les autres et le *b* d'*ḕgrĭbĭs* de 2, 6. Si *œ̄vrœ̄*, chevreuil c. 184, a perdu son élément palatal *y* dans la région de Remiremont, c'est parce que les formes anciennes, encore usitées ailleurs, ne le présentent pas, conformément au type étymologique *capreolum*. Dans mercredi c. 491, la métathèse de *kr* est entravée ou recule dans l'aire 1-7, cf. *Les Parlers*, p. 49, mais l'initiale n'y reste pas moins *mẽ-*, comme à peu près partout ailleurs. Gencive c. 380 n'est repris tel quel qu'exceptionnellement ; dans toute l'aire 9-16 le traitement de la première partie du mot vient du patois, tandis que la terminaison *iv* (*-f*) est visiblement français. A Remiremont, *klŭftyḕ*, cloutier, est une rectification de *tyȍftḕ*, relevé dans les localités 7, 9, 10, et dont l'explication est du reste obscure. Il en est de même de *sḕ mȍrĭz*, Saint-Maurice, d'un témoin de Fresse, à côté de *sḕ mŭrĭj*, forme locale de l'aire 1-8'.

Par contre c'est bien un croisement, et d'un type très répandu dans nos parlers, que celui qui consiste à modifier un emprunt français d'après un mot patois de même sens et de forme plus ou moins proche ou même d'après un mot patois de sens voisin. Il semble bien que la chuintante d' « asseoir » vienne du verbe antérieur auquel il tend à se substituer, v. plus haut p. 39. « Boiteux » qui, sauf au point 12, a partout un suffixe *yu*, cf. p. 34, doit ce *y* à « boiter » qui est, partout où il a été recueilli, pourvu du suffixe -*yẽ*. Le verbe oublier c. 543, s'il a fait reculer le type ancien qui ne subsiste que dans *rǣyẽ* de 17-22 et — *ă* de 12, lui a pris *r* initial. De même, sur le modèle de nombreux verbes pourvus du même *r* initial, aiguiser c. 12 est partout formé avec ce même préfixe (d'où par suite le dérivé qui désigne la pierre à aiguiser c. 631), et *rôt*, impératif du v. ôter c. 538, est bien plus fréquent qu'*ôt*. Quant à « revomir », vomir c. 805, des points 8′, 17, 19, il doit son *r* au verbe local *ĕrnădă*, -*ĕdă*, dérivé de « renard » et pris pour un composé. « Bec » qui se dit *bĕk* dans la majorité des localités doit ses formes *bĭk* de 2-8 et *bŏk* de 13 à *bĭkẽ*, *bŏkẽ*, béquer, des mêmes points. En prenant le fr. maillet pour désigner le petit maillet de menuisier à une main, la plupart de nos parlers en ont fait un mot féminin d'après le diminutif préexistant du type **tonne*, ce dernier désignant le grand maillet à deux mains, cf. les deux cartes 463 et 464. « Pousser », dans la plupart des localités où il est emprunté, cf. croître c. 235, présente un *b* initial d'origine incertaine, qui paraît dû à un croisement avec un verbe de sens voisin tel que « bourrer », cf. *Les Parlers*, p. 310. Jars c. 417, en pénétrant dans l'aire 11-15, y a été pourvu du suffixe *a*, *jŏra*, d'après les mots qui désignent le jars dans le reste de notre domaine, cf. *ibid.*, p. 283. « Trémie », dans la majorité des localités des deux vallées, a été croisé avec « meule », cf. *ibid.*, p. 313. « Ecureuil », v. la c. 280, a envahi la région de Remiremont et la vallée de la Haute-Moselle, mais presque partout il a pris le suffixe *ō* dans *ĕkŭrō* d'après la formation ancienne qui subsiste dans *kǣrō* de 1, 2, 5 et *ĕkǣrō* de 17-22 ; quant à *ĕkŭrǣ* de 11, 15, si ce n'est pas une réduction récente d' « écureuil » d'après *eĕvrǣ*, chevreuil, il représente, dans sa terminaison, le stade le plus ancien du type étymologique *scuriolum*. Rossignol c. 666 présente dans de nombreuses localités une syllabe initiale *re*- qui vient vraisemblablement des formes locales *rĕsetō*, -*ă*, roitelet c. 664 ; cette action ne doit pas étonner, car, de leur côté, ces formes paraissent être issues d'un type ancien « roitet », cf. *rdlet* de Vexaincourt (Vosges), Adam p. 368, croisé avec une forme ancienne de « rossignol », *bŏbyō*, papillon c. 551, du point 13 doit ses deux b au mot local *bĭblẹ̄*. « Ressort » adapté au sens de piège c. 577 doit le traitement de sa voyelle finale à « lacet » : de là les formes *rsă* de l'aire 16-22 et *rsŏ* ailleurs. Toute l'aire 18-22, d'après *kĭkĭ(n)*, quelqu'un c. 629, a refait *kĭklœ̨*, quelque part c. 628, et *kĭk ćŏz* (*-ɕ-*), quelque chose c. 626 ; mais quelquefois c. 627, sans doute plus récent, reste encore partout *kẹ̀kfwẹ̀*. Il semble que travailler c. 763 ait été croisé avec veiller c. 779, car la voyelle de la syllabe initiale de « veiller » se superpose à peu près partout avec la voyelle intérieure de « travailler », rencontre qui ne peut guère s'expliquer autrement [1]. *pŭnălyẹ̀* de quelques témoins isolés de 2, 5, 22, poulailler c. 601, doit sans doute son *n* à « pondre ». *lẹ̀sŏt* de 1, 2, 5, 6, 7, *-ăt* de 18, 19, 21, 22, pour désigner le cordon de soulier, tel qu'on l'achète, est une reformation du fr. *lacet* d'après le féminin local *kūryŏt*, *-ăt* qui désigne le cordon en cuir, cf. plus loin fin du chapitre sur *le renouvellement des techniques*. Quelques faits, tout en étant simplement individuels, méritent cependant d'être signalés. Le témoin a de 14 a formé *ŏtăy*, été, d'après *ŏnăy*, « année » qui s'emploie au sens d'été dans notre domaine ; *trĭsẹ̀l* de 2 b, étincelle c. 317, est une corruption d'après le v. *trĭsẹ̀*, éclabousser, et la réponse de 22 a : *dĭ fẹ̀ kẹ̀ ę̣trĭs*, montre que ce croisement se présente facilement à l'esprit. Sabotier c. 674 a suivi une voie de pénétration particulière, c'est pourquoi nous ne le citons qu'à la fin et après quelques cas de croisements individuels : *sălbŏtyẹ̀*, *sẹ̀l-*, *sŏlbŏtẹ̀y* de l'aire 8-10, 14-22 s'expliquent par un croisement du fr. « sabotier » avec « soulier de bois », mais ce croisement n'a pu se produire que là où « soulier de bois » est usité, à savoir dans la région de Gérardmer, cf. *Les Parlers*, p. 305.

Le croisement se fait parfois avec un mot français plus connu de nos parlers : c'est ainsi que « outil » est devenu presque partout *ūtĭl* d'après l'adj. *utile*, *ūtĭ* et la forme hybride *ūtĭ* n'étant employés que par quelques témoins. De même 7 a dit *plœ̀rœ̀*, peureux, c. 574, par croisement avec « pleurer », comme le fait le français populaire du Thillot.

Parfois le croisement a un caractère purement mécanique, c'est-à-dire que l'emprunt français est modifié par un mot de forme voi-

1. On ne peut songer à *travellier* de l'ancienne langue, étant donné la date récente de l'emprunt.

sine, mais sans aucune relation de sens. Ainsi « chardonneret » est devenu partout « chaudronnier » : *čŏdrŏṇẹ̆* 1-8, *ε* — 8′-18, *čŏdĕrṇẹ̆* 19-22 ; hanneton c. 405 est transformé en *jā̆nĭtō̆* au point 20, où le patois a introduit le prénom *jā̆*, Jean[1]. « Luette », emprunté au français, a pris mécaniquement la forme d' « alouette », cf. à La Bresse, d'après Hingre, *alwate-di-cwō̃*. Jante c. 413 paraît avoir été adapté dans l'aire 1-8 d'après le v. « joindre », usité au sens d'atteler c. 54. *jŭmā̆d*, *j-t*, jument c. 428, de la majorité des localités doit sa terminaison à l'influence de formes françaises telles que « grande » ; et c'est sans doute à des féminins tels que « ronde » qu'aumône c. 58 et alène c. 17, v. aussi *Les Parlers*, p. 234, doivent leurs formes en *ōd*, *-t* ; « aumône » a peut-être aussi été modifié d'après « monde ».

1. *Jak*, geai c. 378, de la région de Remiremont représente une transformation analogue de « geai », dont l'extension dépasse de beaucoup notre domaine.

TROISIÈME PARTIE

LEXIQUE

Dans les pages précédentes, consacrées à l'adaptation phonétique des mots empruntés au français, l'emprunt a été considéré au point de vue formel. Cet examen était essentiel avant d'aborder le lexique proprement dit ; car, pour interpréter sainement le vocabulaire patois, il est nécessaire de connaître dans son extension et dans ses détails l'aptitude particulière qu'ont les patois à adapter les mots français qu'ils empruntent à leurs procédés de prononciation.

On se propose, dans les pages qui vont suivre, d'examiner le recul du lexique patois sous la poussée du français, tel qu'il est possible de le dégager de l'examen de l'état actuel de nos parlers. La pénétration du français revêt deux aspects principaux : a) le mot français fait reculer, en s'adaptant plus ou moins, la forme locale et ancienne du même mot ; b) un mot patois cède la place à un mot français de même sens, mais dont le type étymologique est différent.

Il existe un troisième aspect de la pénétration du français : c'est l'emprunt sémantique, que nous envisageons à la fin de ce chapitre et assez brièvement. Il est certain que nous ne lui donnerons pas la place qu'il occupe réellement dans l'histoire de nos parlers [1] ; mais cette insuffisance provient de ce que notre enquête a peu porté sur la partie du vocabulaire qui le manifesterait le mieux, à savoir le vocabulaire moral et les locutions. D'autre part, comme on le verra, il est certain que nos parlers préfèrent souvent, en empruntant un sens nouveau, emprunter en même temps la forme fran-

1. M. Gilliéron, dans le fascicule II de ses études de *Pathologie et Thérapeutique verbales*, Neuveville, 1915, p. 39, n. 1, admet que la part des mots patois ayant partiellement une sémantique française peut être aussi considérable que celle des autres emprunts.

çaise qui a l'avantage de mettre mieux en valeur la différence des sens, et il en est résulté que l'emprunt sémantique ne semble pas avoir pris l'importance de l'emprunt lexical.

Des faits considérés ainsi il ressort que le français exerce une pression très puissante. Non seulement tout le vocabulaire est atteint, mais le parler de toutes les localités et, on peut même dire, de tous les patoisants en est ébranlé et présente une instabilité remarquable. Pour constater ce double caractère, il suffit de parcourir même rapidement les matériaux que nous avons réunis dans l'*Atlas* et le *Lexique* : dans un nombre considérable de cas, la lutte entre le mot nouveau et le mot ancien se produit à l'intérieur des différentes localités, ce que révèle le tracé de nos cartes qui, très fréquemment, traverse les points, et d'autre part les sujets interrogés ont fort souvent indiqué que telle forme est vieillie. A cet égard la situation de chaque témoin est naturellement différente et dépend de son âge, du milieu où il vit et où il a vécu, de l'endroit qu'il habite et aussi de ses facultés d'observation. Mais, de toute façon, il est remarquable que, dans un parler populaire et sans tradition écrite, il existe tant d'archaïsmes sentis comme tels. C'est un signe manifeste que le développement de ces parlers s'est rapidement précipité dans les générations récentes, de telle sorte que les sujets parlants ont constaté eux-mêmes le vieillissement de certains termes. Il est inutile de réunir les exemples ici, car on les retrouvera au cours de l'exposé qui va suivre. Cette situation doit être considérée comme nouvelle et due à l'affaiblissement tout particulier qui a atteint la vitalité des patois à une époque voisine de la nôtre. Il est extrêmement peu probable qu'antérieurement au XIXe siècle le français les ait attaqués avec une vigueur comparable : on peut même affirmer sans hésitation le contraire. En effet l'ensemble des causes bien connues qui favorisent l'expansion du français, cf. *Introd.*, n'existait pas alors, et celles qui existaient n'étaient pas aussi actives. Il faut ajouter que l'adaptation des emprunts a dû s'exercer en tout temps, que d'autre part des emprunts anciens ont dû être entraînés dans les développements phonétiques qui se sont produits postérieurement à leur adoption et que, par suite, quand par ailleurs nous manquons des critériums indiqués p. 36 sq., nous pouvons être privés de tout moyen de reconnaître l'origine étrangère d'un mot en apparence patois. Mais, ces réserves faites, il est évident a priori que de tout temps nos parlers ont été tributaires du français, et il serait facile de rassembler d'assez nombreux exemples d'emprunts relativement anciens. Il n'est pas rare en effet que nos parlers conservent une prononciation, un mot ou un sens anciens que le français a perdus ou même ne connaît pas, et, en ce cas, nous disposons d'un moyen de fixer la date de l'emprunt.

EMPRUNTS ANCIENS

työl, tuile, de l'aire 16-22 a été emprunté à l'époque éloignée où le français disait encore *tiule*. « Soldat » se dit encore partout *südăr*, alors que *soldat* existe en français depuis le XVIe siècle. « tabac » ne se dit *tăbă* que dans l'aire 9-11, 13, 15, ailleurs le *k* final perdu par le français, persiste encore : *tăbăk* 1-8′, 16-22, *tĕbĕk* 12 ; il en est de même d'almanach c. 29, qui ne manque de *k* final, comme le français, qu'au point 11 ; toutefois dans ces deux cas la graphie peut avoir joué un certain rôle. *mĕtrĕ*, matelas, de l'aire 19-21, cf. pour La Bresse *maitrai* Hingre, rappelle *materas*, qui a disparu vers le début du XVIIe siècle. *ĕpĭnœ̆ĕ* de 1, — *ɛ* de 9, épinard, cf. aussi *épinóche* Hingre, reproduisent une forme usitée en ancien français. Les formes *mĕdĭsyẽ*, — *ĕ* des deux vallées, médecin c. 486, sont forcément anciennes, car elles résultent d'un croisement avec un emploi de « physicien » disparu au XVIIe siècle (quant à « chirurgien », qui a persisté plus longtemps, il ne peut pas expliquer l'*ĭ* intérieur de *mĕdisyẽ*). *găzĕt*, au sens de journal, vit encore en quelques points, 4, 5, 19, 21, 22. *lătyăr* de 2 et la forme plus usitée *lătyăr* (*lătyăn* de 19 c est une corruption personnelle par croisement avec « lanterne »), qui désigne diverses sortes de sirop, représente le fr. *électuaire*, que n'emploie plus la pharmacopée d'aujourd'hui. « Fil d'archal » au sens de fil de fer, qu'ont indiqué quelques témoins, v. plus haut p. 32, est désuet en français. *ĕvăltŏnĕ*, indiqué au sens d'étourdi par un témoin de Remiremont, vient du fr. *évaltonner*, qui est sorti de la langue depuis le XVIIIe siècle. Dans le costume, bien des mots sont encore usités dans nos parlers, alors que le français ne les connaît plus que dans la langue écrite : citons par ex. *kŏl* (fém.), bonnet d'homme de 2, qui équivaut au fr. *coule*, capuchon de religieux, *kwŏ*, encore très usité au sens de corset, etc. « glorieux » s'est maintenu dans nos parlers au sens de vaniteux : *dyŏryŭ* 5, *diôriou* Hingre, et de même le substantif *diŏre*, vaine gloire..., id., cf. dans mon *Lexique* le texte 32 b de Vagney, p. 172 [1].

D'autres mots révèlent la date relativement ancienne de leur emprunt par le développement sémantique qu'ils ont pris dans nos parlers. On a déjà eu l'occasion de traiter du v. « arranger » au sens de soigner le bétail, p. 39. De même *dŭvĕ*, après avoir été emprunté au français, a pris dans nos parlers le sens d'édredon, et ce sens est devenu si usuel dans notre région que je le croyais, à une date toute récente, du français commun et que j'ai fait une carte duvet avec ce sens, v. la c. 262 [2]. Presque partout j'ai recueilli au sens d'un peu la locution *ĭ ptĭ hĕnă* 1-9, *-hănă* 17, 19-22, *-hĕnĕ* 14, où le fr. vieilli *hanap* a subi un développement de sens remarquable et qui ne semble être attesté que dans les parlers lorrains. « Truand » dont il a déjà été question p. 69 a pris dans tout notre domaine le sens de paresseux c. 552. « Chère » s'emploie dans des sens inconnus du français : *ĕ n fă pŭ ĕĕr dĕ vĭv*, il ne semble plus vivre, a dit 2 c, cf. aussi les expr. *fare lai* ou *las chère(s)*, *fare chère*, faire semblant, faire mine... Hingre, La Bresse, et de son coté 2 a a dit *ĭ n ă fyĕ pwŏ dĕ ĕĕr*, je n'en fais point de cas. « Train » qui, sous les formes *trĕyī* et *trĕ*, a été recueilli en plusieurs points avec le sens de train de culture a pris en outre des acceptions toutes locales : *vănă l trĕyi*, vanner les céréales, 5 d, *ĕl ĕ dĭ trĕyī*, il a du bien, id., *wĕlŏ l vĕy trĕyī kĕ rvyĕ*, voilà le vieux « t. » qui revient, en parlant du patois, 5 g. « science » a pris le sens remarquable de sort : en parlant des fées, 21 a a dit au sing. collectif : *ĕl fă da syŏs* ; il a aussi ceux d'adresse : *syŏs* 2 c, 5 d, *syŏs* 14 b, de ruse : — 15 a, d'où l'adjectif *syŏsu*, adroit, 2 c, 5 d, 6 c, *syă* — 12 a, *syŏ* — 14 b, de rusé : *syŏsyu* 15 a (et par dissimilation probablement personnelle *sŏsyu*, adroit, 8' b). « Rédimer », qui n'est plus employé dans le français courant et qui paraît avoir été un mot technique, a eu également un développement sémantique curieux : 2 c, 5 d, 11 f, 19 c l'ont indiqué sous la forme *rĕdĭmĕ* au sens de réduire la ration du bétail ; 2 c a ajouté qu'il s'applique aussi aux personnes et a le sens général de réduire, ce qui est conforme à l'indication de Hingre : « *Rĕdimè*, rédimer, réduire, dompter, corriger ».

1. On peut objecter que cette chronologie ne tient compte que du français central, mais c'est lui qui fournit la base la plus solide ; de plus, on ne fait que déplacer la question. Enfin la forme même de plusieurs de ces mots montre que l'emprunt a été fait au français et non à un autre patois, p. ex. « fil d'archal ».

2. C'est un lotharingisme à ajouter aux cartes arranger et cachette.

CAUSES DE L'INVASION ACTUELLE DU FRANÇAIS

La cause dominante des emprunts est, sans aucun doute, 1) le prestige chaque jour croissant de la langue française. Il existe cependant d'autres causes plus particulières que de nombreux exemples illustrent 2). Le renouvellement des techniques, qui s'est précipité de nos jours, joue un rôle important dans le recul des mots anciens. D'autre part souvent un mot français pénètre, 3) soit pour obvier à la multiplicité des formes ou des mots, 4) soit pour éviter une obscurité de sens, due à la présence d'homonymes. 5) Quant à l'insuffisance phonétique, comme nous le verrons, sa part est, autant du moins que les faits actuels permettent de la reconnaître, insignifiante.

A. — PRESTIGE DU FRANÇAIS

Dans un état linguistique où à peu près tous les patoisants sont bilingues et où le patois est senti comme un parler inférieur, il est tout naturel que la langue centrale envahisse considérablement le vocabulaire. C'est en effet ce qui se passe dans nos parlers, où la plus grande partie du vocabulaire cède plus ou moins à la poussée du français. Sans doute des causes particulières, notamment celles que nous venons d'indiquer, jouent un rôle considérable dans les emprunts ; et sans doute, dans bien des cas, où nous attribuons la pénétration d'un mot à la seule cause générale que nous appelons le prestige du français, une étude plus approfondie, une connaissance plus exacte des faits révélerait-elle l'action d'une de ces causes particulières. Du reste, tel mot que nous citons ici pour la commodité de l'exposé sera repris ensuite et précisément à propos de l'action de ces causes. Mais, ces réserves faites, il reste vrai que de nombreux mots français repoussent des formes ou des mots patois, sans qu'on aperçoive dans ceux-ci quelque infirmité qui ait pu inviter nos parlers à recourir au français. C'est notamment le cas de la plupart des emprunts appartenant à cette partie du lexique qu'on appelle ordinairement grammatical : pronoms et adjectifs indéfinis, noms de nombre, adverbes et petits mots jouant le rôle de particules.

PRONOMS ET ADJECTIFS INDÉFINIS

Dans deux mots de cette catégorie l'action du français a fait fortement reculer les anciennes formes locales. *ryẽ*, *-ẽ* de l'aire 11, 13-15, rien c. 661, est l'adaptation du français qui a supplanté une forme du type *rõ* 1-10, *rã* 12, *rõ* 16-22, celle-ci encore attestée à Remiremont [1]. « Même » n'a plus de formes locales que dans une partie du domaine, et seulement en combinaison avec les pronoms personnels : en ce cas il se dit encore *mõm* dans l'aire 9, 10, 15-22 et *mãm* aux points 12, 14, 15, mais les autres localités disent déjà *mẽm* ou *mẽm* qui sont seuls usités partout en fonction d'adjectif, cf. la c. 488. Ces observations sont confirmées par l'indication de Hingre : « *Même*, adj., même. Il fait *môme*, uni au pronom personnel. » On a vu p. 36 que personne c. 573 est un mot emprunté et adapté. Le composé « tout + par » + un pronom personnel au sens de seul, cf. la c. 707, est encore très solide : on ne voit apparaître le mot français qu'à Remiremont ; de même *šãkœ̃*, chacun c. 148, et *dẽrnyẽ*, dernier c. 244 n'existent que dans cette localité [2]. Par contre *ăk* (*ĕk* au point 13) = a. fr. *alques*, cf. *Les Parlers*, p. 122, cède la place à « quelque chose », v. la c. 626, dans tout notre domaine. En ce qui concerne « tout », il est impossible de décider si l'emploi sporadique de *tõ*, avec la valeur de pronom neutre, à côté de *tẽrtõ*, *tõ-*, et de *tõ*, *tõt* à côté de *tũ*, *tĭ*, *tĭt*, tous, toutes, devant un nom de nombre, chez quelques témoins, cf. *Les Parlers*, p. 183, est dû à l'influence du français ou à une survivance.

NOMS DE NOMBRE

On a déjà vu plus haut que le suffixe des ordinaux est emprunté au français, p. 14, et que *mĭl* est une forme étrangère à l'ancienne

1. Ce type représente un développement particulier de *rem* en position atone plutôt qu'en position tonique entravée devant des mots à initiale consonantique, comme l'a proposé M. Horning, *Die ostfranz. Grenzdialekte*, § 34.

2. La différence de traitement de « chacun » et de « quelqu'un », signalée dans *Les Parlers*, p. 58, ne doit pas être invoquée comme preuve que « chacun » est adapté ; elle provient de ce que l'élément composant « un » y est moins senti : de là les nouveaux composés bien connus « un chacun », « tout un chacun », qui existent dans de nombreux parlers français et dont le premier au moins a été relevé au point 22.

phonétique de nos parlers, p. 20. On doit en outre considérer comme refaits sur le français *sĩ(k)* 1-18, *sĩñk* 19-22, cinq, avec un *s* initial, alors qu'on attendrait une chuintante, conformément au traitement de *s* devant les voyelles antérieures, cf. *Les Parlers*, p. 77, et sans doute aussi *sẽt*, sept, id., p. 98. Le français est manifeste dans *três* de 11, 13, 14, treize c. 765, et *trãt* de 11, 13-16, peut-être aussi dans *trãnt* de 12, trente c. 767. Les noms de dizaines *kărãt*, *sĩkăt* 1-18 et *sĩnk-* 19-22, *swẽsãt* sont récents et à peine adaptés, dans quatre-vingts c. 625, quatre n'a une forme locale que dans *kwètrè vĩ* de 12, dont il est difficile de dire si c'est une forme ancienne ou plus complètement adaptée que les autres ; par contre les types récents « soixante-dix » et « quatre-vingt-dix » sont encore très rares : le premier n'a été indiqué que par deux témoins, 3 a qui a ajouté : « moins usuel », et 20 b et le deuxième que par 1 b, 2 b, tous deux adaptés du reste : *swẽsãt dẽɛ* 3 a, *-dẽhɛ* 20 b, *kătrẽ vĩ dẽj* 1 b, 2 b, les formes usuelles sont *sẽptãt* et *nõnãt*. Tous les parlers empruntent *sã* dans des expressions toutes faites telles que « cent ans » ; dans la numération locale « un cent » refait sur « deux cents » etc., quelques points conservent la forme ancienne *sõ* 1-8′, *sã* 12, *sõ* 13 ; toutefois la majorité des localités 8′-11, 14-22 empruntent là aussi la forme française *sã*.

ADVERBES

Les adverbes de temps présentent de nombreux faits d'emprunt. Si *dẽjẽ*, déjà c. 241, et *yẽr*, hier, sont isolés à Remiremont[1], nous avons vu, p. 35, qu'« aujourd'hui » refoule *ẽnœ*. « Bientôt », v. la c. 99, s'est substitué à « courant » qui ne résiste que dans la partie haute des deux vallées : *kwõrã* 20, 22, *kũrã* 1-8′, 19, 21, et qui est déjà battu en brèche par son concurrent dans la plupart des localités. De même *ãtã*, cf. la c. 33, ne survit plus que dans quelques points des deux vallées, et partout il est attaqué par « l'année passée, dernière », au point que tous les témoins, qui l'ont employé en premier lieu, l'ont, sauf 1 b, immédiatement et spontanément corrigé. Nous avons examiné longuement p. 36 sq. le cas de « toujours ». Quant à « longtemps », il est difficile de décider si le type *bwõn pẽs* de 18-22, v. *Les Parlers*, p. 285, a jamais beaucoup

1. Sur l'origine d'*ẽr* du Val-d'Ajol, cf. *Les Parlers*, p. 141.

dépassé cette aire et si « longtemps » est partout un emprunt : il semble en tout cas l'être aux points 18 et 19, où les deux concurrents coexistent. L'expression « par jour » est empruntée telle quelle : *păr jūr* par de nombreux témoins de l'aire 1-14.

Parmi les adverbes de lieu, ailleurs c. 13, diversement adapté sous les formes *ălyœ̄r* 11-13, 15, 16 et *ĕyur* 17-21, v. plus haut pp. 19 et 29, fait reculer des composés locaux dont le plus usité est *ŏtlœ̄*, « autre lieu ». Quant à où, v. les cartes 539-541, les formes sont si complexes qu'il est difficile de se prononcer : cependant *wĕs-kĕ* de la vallée de la Haute-Moselle et de la région de Remiremont semble bien représenter le français « où est-ce que », puisque, dans ces localités, « est » s'y dit *o* : on pourrait conclure de ce fait qu'en somme ce type de formation est dû au français et qu'il a été plus ou moins adapté.

La rivalité de *pā* et de *mī* dans l'aire 11, 13-15, tandis que *mī* est à peu près exclusif ailleurs (les quelques cas où *pā* y a été employé paraissent avoir été suggérés par la question française) est certainement due à la pénétration du français, la carte 522, n'est-ce pas ?, où *mī* est attesté partout, le prouve d'une façon décisive. Les particules affirmatives *yŏ* = « il + *ŏ* », *ŏ* < lat. *hoc*, *ăy*, probablement ancienne exclamation, *sĭŏ*, *sĭă* et *čĭŏ* = « si + est » et les particules négatives *ŋă* = fr. *néant*, d'où *ŋă*, *nănī* = a. fr. *nennil*, *nŏnă* = « non est » cèdent partout la place aux particules françaises *wī* et *nŏ*, et sont considérées par la plupart des témoins comme grossières et vieillies : à propos de *yŏ* 2 c ajoute qu'on ne le dit qu'en parlant avec de vieilles personnes, à propos de *ŋă* 4 a qu'on ne permet plus aux enfants de parler ainsi, voir le détail au *Lex.* (*d*)*īsī*, ainsi c. 14, de 6, 8, 11, 16-22, bien qu'antérieur à l'autre type signifiant ainsi, cf. *Les Parlers*, pp. 127 et 133, est une adaptation du français, v. p. 24. L'adverbe qui sert à marquer le superlatif *mū* = a. fr. *mout* < *multum* est encore usité dans beaucoup de localités ; mais partout il recule devant *trĕ* : toutefois les faits que j'ai recueillis sont insuffisants, car *mū* y paraît plus rare qu'il ne l'est en réalité. De même « donc », sous les deux formes *dŏ* et *dŏ*, attaque partout, cf. la c. 258, *wĕr*, *wār* = a. fr. *voire*, et *māk*, formé de « mais + que » n'est plus usité que dans les deux vallées, où il est même partout en concurrence avec « seulement », cf. la c. 708. *stŏ*, peut-être c. 575 est encore assez usité, outre *stĕpwĕ* de 13 et *-ă* de 12, cf. *Les Parlers*, p. 297, mais « peut-être » leur dispute vigoureusement le terrain, notamment dans la région de Remiremont et dans l'aire 1-7. Au contraire « tout plein », *tŏ pyẽ* 1-10, *-ẽ* 11-21, *-ẽn* 22, au sens de beaucoup, est très solide, et *bĕkŏ* n'est qu'un fait individuel du témoin 11 a. Quant à « surtout », cf. les N. E. de la c. 733, c'est un mot partout emprunté et qui n'est adapté en *sŭtŏ* que par quelques témoins 2 a, c, 6 b et en *ɛŭtŏ* que par 5 a, tous les autres ont employé la forme fr. *sŭrtŭ*. « Moins » est dans une situation particulière : ce mot offre des formes locales et qui ne sont d'aucune façon suspectes ; mais il a perdu beaucoup de sa vitalité en raison de la concurrence que lui a faite une nouvelle expression *n mi tã*, et à Remiremont on trouve également *n pa tã*, cf. la c. 502 ; c'est pourquoi quelques témoins ont emprunté la forme française (il ne s'agit pas des points 8, 8', où *mwẽ* est conforme au traitement de *pwẽ*, point c. 590, mais des points 2, 4 où le fait est, au reste, encore tout individuel).

PRÉPOSITIONS

D(e)vã est entré en lutte, en quelques points disséminés 1-7, 12 et 11, 14, 15, avec le mot ancien *dã* < *deante*, devant c. 247 ; mais la concurrence de *ĕvã*, *dĕvã* = a. fr. *davant* et de *dã* au sens de avant c. 61 peut être indépendante du français. Pendant c. 565 pénètre surtout dans la vallée de la Haute-Moselle et fait reculer différents mots locaux ; à Remiremont même *pwĕdã* est une forme hybride de « pendant » et d'un type tel que *pwĕddõ* = « par dedans » du point 2. *tŏt ĕ lĕ rõd dĕ*, autour de, ne survit que dans l'aire 18-22, ailleurs les parlers ont adopté « autour, à l'entour de ». La forme sans *s* *jŭkĕ* du point 22, jusque c. 430, cf. *juqu'ai*, jusqu'à, de Hingre, et qui y est en concurrence avec *jŭskĕ* donne à penser que les formes des autres localités sont empruntées au français, même *jœ̆skĕ* et *jœ̆çkĕ* de 21, qui ne sont sans doute que des formes adaptées. Si *sŭ* = fr. *sus* présente à l'initiale un *s* aux points 1-11, 13-16 à côté de *ɛŭ* 5, *ĉŭ* 12, *çŭ* 20-22, sur c. 733, c'est sans doute sous l'influence des prépositions fr. *sus* et *sur*, et cette explication est appuyée par l'indication du témoin 5 b qui a ajouté que *ɛŭ* est vieilli. Dans les deux derniers cas cités et davantage encore dans celui de la préposition *en*, nous avons affaire à des particules vidées de sens et où l'emprunt ne peut en rien être dû à leur valeur sémantique : or *ā̆*, en c. 289, tend à éliminer les formes locales *ę̄*, *ǭ̆*, *ǫ̆*, *ǫ* des localités 1-10, 12, 16, 17 et y a déjà réussi dans l'aire 11, 13-15 ; elle a même pu pénétrer dans le composé *ā̆tfyǫ̈* = « en defors », dehors c. 240, d'après le français « en dehors » aux points 7, 8, 11, 16. Pour la préposition « par » dans la locution « par jour », v. plus haut, p. 46.

La construction « avant + de », très peu usitée à côté de « avant + que + de », cf. la c. 61 (je ne l'ai relevée qu'aux points 2, 4, 7, 12, 14 et ordinairement en concurrence avec l'autre), est sans doute empruntée au français.

CONJONCTIONS

Pă̈sk(e), parce que, cf. aussi *pace qué* Hingre, est un emprunt récent qui tend à se substituer à la conjonction *pę̆rę̄mǭ̆k*, *pwę̄* —, recueillie dans quelques localités de la vallée de la Haute-Moselle, cf. *pwa- r-aimou*, Hingre, et qui équivaut au fr. « par amour ». Sur *kā̆(t)*, bien que les localités 20-22 aient une conjonction locale (*ę̆n*)*dǫ̆ k* = fr. « dans que », on ne peut pas se prononcer. La variété des formes de puisque c. 621 montre clairement que nous avons affaire à un mot emprunté et diversement adapté. Il est difficile de reconnaître si *kǫ̀m*, assez employé dans ses différentes acceptions, est un emprunt tendant à se substituer à « comment » et aux formes réduites *mǭ̆*, *mǫ̀*, *mā̆*, voir les faits au *Lex.*, ou une forme en recul. L'indication de Hingre que « *còme* est peu usité, si ce n'est dans les locutions *còme-pwò*, comme point, très peu, *còme-rò*, comme rien » serait plutôt favorable à la deuxième hypothèse. *Sī* et *nī* repoussent dans tout le domaine les formes anciennes *sę̄* et *nę̄* qui sont toutefois encore plus usuelles que les formes françaises : c'est ainsi que dans l'aire 18-22 je n'ai recueilli que *sę̄*, *nę̄*. En ce qui concerne l'adverbe *si*, qui se dit partout *sī* sauf au Val-d'Ajol qui dit *ē̆i* et *ē̆ü*, les raisons qui nous ont paru prouver que le traitement de « sur », cf. p. 47, est influencé par le français, n'ont pas la même valeur ; le mot a pu échapper à la transformation de *s* en chuintante devant voyelle antérieure en raison de son rôle effacé et de sa brièveté, le composé *sīǭ*, *sīā̆*, v. p. 46, où *sī* reste intact, montre que l'action du français ne doit pas être invoquée. *ī̆*, ou c. 542, actuellement employé dans la grande majorité des points, semble bien être un emprunt récent qui fait reculer *vũ* et des composés *vũ* « bien » et *vũ* « donc », celui-ci plus rare, et souvent en se combinant lui-même avec « bien », p. ex. aux points 1, 2, 8, 9, 12, 13, 22.

TERMES DE PARENTÉ

On a vu p. 35 que *pĕr*, *mĕr* ont refoulé des formes anciennes *puĕr*, *muĕr* qui ne désignent plus que le mâle et la femelle des animaux, et en quelques points seulement *mămă* et *păpă* sont très probablement repris au français, en présence des formes locales *mŏmā*, *pŏpā*, *mū-*, *pū-*. *tăt*, tante, de toutes les localités, étant donné la formation accidentelle du mot français, est nécessairement emprunté, et cet emprunt peut être ancien, puisque *tante* est déjà attesté en fr. au XIIIe siècle ; mais, ce qui prouve l'action, on peut dire permanente de la langue commune, c'est la persistance d'une seule forme identique à celle du français ; il en est de même de *kūzĩ*, cousin, qui reste étroitement attaché à la prononciation du français. *N(e)vœ̄* des localités 1, 2, 3, 4, 20, 22 n'est pas encore aussi usité que *nvū*, mais *ņĕs*, nièce, l'est partout à côté des formes locales de peu d'extension *nvūz* 6, 7, 12, 19 et *nvœ̄z* 2, 5, 20, 21. Par contre, *sœ̄r*, sœur c. 714, est encore isolé à Remiremont. *Fĭlyœ̄* et *fĭlyœ̄r*, formes prédominantes de filleul,-e sont des adaptations dont on a parlé pp. 19 et 34 ; des formes plus proches du français sont rares et *fĭlyœ̄z* de 16 a est une création individuelle. Orphelin c. 536 est de même partout un mot adapté. *krătă* qui représente l'a. fr. *creanter* < **credentare ML. EW*. 2306 et qui signifie fiancer ne subsiste plus que dans l'aire 1-8 où il est vieilli et battu en brèche par « fiancer » et d'autres expressions équivalentes qui l'ont éliminé dans les autres localités.

RELATIONS SOCIALES

Le mot *mĕyī* = a. fr. *maisniee* < **mansionata ML. EW*. 5313, au sens de serviteur ou de servante, n'est plus attesté que comme un vieux mot et par le seul témoin 5 a, lui-même vieillard ; à La Bresse Hingre l'indique encore s. v. *méniée* au sens de servante, au sing., et de domestiques en général, au pluriel. « Valet » est lui-même fortement entamé par *dòmèstïk*, v. c. 257, dans toute l'aire 1-17 et « demoiselle » par *sèrvāt*, v. c. 706, dans la région de Remiremont : « c'est un vieux mot » disait le témoin 11 a, « il est usité dans la montagne, disait 13 a. *wèzī*, voisin, est une adaptation du français qui a éliminé les formes locales dont il ne reste que *v(ẹ)hï* de 20, 22. *Mādyā*, v. la c. 489, est usité partout et a refoulé un mot ancien relevé encore dans presque toutes les localités, *pūdè*, *-èy*, *pūjèy* = fr. « pour Dieu », cf. *Les Parlers*, p. 8.

NOMS DE MÉTIER

« Charpentier » c. 162 a refoulé à peu près complètement, en s'adaptant diversement, v. p. 26, l'ancien terme *čèpū* = a. fr. *chapuis*, qui ne survit qu'aux points 1 et 2, où il est déjà battu en brèche par « charpentier ». *Būerō*, bûcheron c. 126, attaque vigoureusement *bòkūlō*, adaptation ancienne de *boquillon*, v. p. 20 ; cette forme persiste encore aux points 1-6, 15, 18-22, mais elle est déclarée vieillie par 2 a, c, 3 a, 6 a, 15 a, 18 ; elle a été transformée au point 2, par une étymologie plaisante et peut-être individuelle, en *bòkūrō*, et elle avait fait reculer un mot local *byæèr* qui n'apparaît plus qu'au point 19, cf. *Les Parlers*, p. 183. *čārtyè* et *wètūryè*, charretier, refoulent *čèrtō*, *e-*, relevé dans l'aire 1-9, v. aussi *charton* Hingre (je n'ai pas demandé ce mot dans l'aire 18-22). « Garde-champêtre » c. 373 n'a laissé subsister le mot ancien *bāvā* = a. fr. *banvard* que dans l'aire 1-7; plusieurs témoins 2 c, 4 b, 6 b l'ont déclaré vieilli, et, même au point 6, sous la forme corrompue *bāwā*, un témoin l'a employé dans le sens restreint de piquet signalant un passage interdit; Hingre donne aussi deux formes *banvâ* et *banwâ*, mais sans faire d'observation sur l'usage. Tailleur c. 737 apparaît dans la région de Remiremont et isolément au point 2 sous la forme *tāyær* et adapté en *tèyū* au Val-d'Ajol, à côté des représentants du type ancien « parmentier ». *Sèe fòm*, sage-femme, qui n'a été indiqué que par quelques témoins de 3, 11, 15, entame peu le type local « bonne femme ». Le mot fr. « berger » est sans véritable vitalité dans notre domaine, cf. la c. 96, et cependant 12 l'adapte en *bwèrjèy* et quelques témoins ont eu recours à *bèrjè*. *klūtyè*, cloutier, qui n'a été demandé que dans une partie du domaine, a à peu près complètement éliminé une forme ancienne *tyōfīè*, encore employée par 7 a, 9, 10 a, mais déclarée vieillie par 7 a, et survivant aussi dans la forme hybride de 11 a, *klŭftyẽ*, v. p. 40. *Kŭtŭryẽr*, couturière, tend à devenir le mot usuel dans la vallée de la Haute-Moselle et à refouler le vieux mot *kŭzrŏs*, déclaré vieilli par 2 b, mais encore bien usuel partout et même souvent sans concurrent : *kŭzrŏs* 2-10, *-ŏs* 13, 14, *-ăs* 12, 16-22. Quant à bourrelier c. 112, charbonnier c. 156, meunier c. 496, ce sont des mots empruntés et partout adaptés, et dont quelques formes telles que *bŭrẽlyẽ* de 9, *bŭrlyẽ* de 10 c, 16 a, *tšărbŏnẽ* de 8′ a, 16 a, *ẽ-* de 10 b sont accidentelles et sans doute simplement suggérées par la question.

NOMS PROPRES DE PERSONNES ET DE LIEUX

La plupart des prénoms tendent à être refaits sur le français : les formes locales sont le plus souvent considérées comme familières ou enfantines et ne jouent plus que le rôle de surnoms : on a déjà cité les formes de « Claude » p. 43 ; 1 b, en indiquant *jă dyŏd*, a ajouté que c'est du vieux patois. *vĭyŏm*, Guillaume, n'a été donné que par deux témoins 16 a, 21 a ; les autres disent *gĭyŏm*, seul 1 b dit *gŭyŏm*. *mărī(y)* est la forme à peu près unique ; *mẽrī(ŷ)* des deux témoins 2 c, 12 b est déclarée vieillie par le premier. « Jean » n'est adapté en *jă* dans l'aire où *j* patois = *j* fr. que par quelques témoins 2 a, c, 4 a, 20 a. *jăk*, Jacques, est un peu plus répandu et 2 b a indiqué des formes plus locales *jẽk* et *jăkŏ*. *bătĭs*, Baptiste, est la seule forme actuellement connue. *ătwẽn*, Antoine, l'est également partout, mais n'a pas complètement éliminé les formes anciennes *ătẽn* 2 c, 5 a, *-ẽn* 12 b, 19 a, *tătẽn* 2 b, *twẽnŏ* 6 a, 9, *tŏnĭ* 19 a, qu'au reste 2 c, 5 a ont qualifiées de vieillies. A côté d'*ŏgŭst* ou *-ŭs*, *gŭgŭs* et *gŭstŏ* sont assez fréquents ; mais *jŏzẽf* est en train de supplanter les formes locales : si beaucoup de témoins les ont indiquées sans commentaires, 17 a a ajouté que *jăzẽ* s'emploie par moquerie, pour 14 a *jŏzŏ* est du vieux patois de même que *dẽdẽ* pour 18, et pour le même 14 a *jŭjŭ*, tout en étant très usité, est un terme enfantin. A côté de *mĭẽl*, seul 2 c a indiqué *mĭẽlŏ* et comme forme vieillie. « Étienne » n'a plus beaucoup de formes locales : *ẽtyăn* 18, 19 a, *tyẽnŏ* 2 c, *-ŏ* 9, *tyănẽ* 18, *-ŏ* 8′ d qui l'a déclarée vieillie.

Ces noms propres conservent mieux leurs formes locales dans les noms de saints désignant les patrons locaux, les localités ou des dates importantes. Comparez les réponses du témoin 17 b *lãbẽr*, Lambert, mais *sẽ lãbyã*, saint L., patron du lieu, celle du témoin 18 *ãtwẽn*, Antoine, mais *sẽt ãtẽn*, s. A., id., *sẽt ẽtyãn* désignant la localité 15, employé par 9, 10 b, 11 a, b, 14 a, 15 a, 16 a qui n'ont indiqué qu'*ẽtyen* pour le nom de personne, *sẽ jã* [1], la Saint-Jean, de plusieurs des témoins qui, dans l'aire de *j*, ont dit *jã*, Jean. *sẽ blẽz*, *-s*, seule forme des témoins du Ménil et de Bellefontaine, dont c'est le patron, est exceptionnel. La Saint-Georges, 23 avril, et la Saint-Martin, 11 novembre, qui sont les deux dates de l'échéance des baux et loyers, sont partout désignées par des formes locales.

Les formes patoises des noms de lieux sont particulièrement résis tantes, surtout dans la localité même et dans le voisinage. Celles qui désignent les grands centres sont aussi celles qui se conservent le mieux : *pinõ*, Epinal, est la seule forme usitée, *rmẽrmõ*, Remiremont, est peu combattu par *r(ẹ)mĩrmõ*, indiqué par trois témoins seulement, 11 a, c, 15 a; même une localité aussi éloignée que Rambervillers est désignée par *rãbẽvlẽ* plus que par *rãbẽrvĩlẽ*. Cependant Paris se dit ordinairement *pãrĩ* ; *pẽrĩ* n'a été indiqué que par 6 a, 18, 21 a, et le deuxième l'a déclaré rare. Quand on s'éloigne des localités et des lieux moins importants, la forme française tend à supplanter la forme patoise : à côté de *sẽ nẽwõ*, Saint-Nabord, de 10-15, le témoin 16 a dit *sẽ nãbõr*, à côté de *rẽmõẽã*, Ramonchamp, de 1-8, *-ẹ-* de 8', 9, le témoin 18 dit, comme le français, *rãmõẽã*; à côté de *mwẽẹõẽã*, Maxonchamp, de 6-8, *-ẹ-* de 8, 8', *-ẹ̃õ-* de 9, les témoins 16 a, 18 ne connaissent que *mãksõẽã*. Le Val-d'Ajol n'emploie pas de formes patoises pour Cornimont, Gérardmer, Saint-Amé, Vagney et dit *kõrnĩmõ*, *jẽrãrmẽ*, *sẽt ãmẽ*, *vãnẽy* (avec une terminaison légèrement adaptée). Le lac de Longemer, situé sur le territoire de Gérardmer, a peu de formes locales, même dans la vallée de la Moselotte : 19 c, 21 a, 22 a disent *lõjmẽr*, et si 18, 20 a connaissent *lõjmwã*, le dernier ajoute que c'est du vieux patois ; de même, pour le lac de Retournemer, 20 a, en indiquant *rtõnmwã*

1. Et cependant là aussi il y a recul, *sẽ jã*, pour désigner la pâquerette, refoule *sẽ jã* ; c'est ainsi que 7 a considère cette dernière forme comme vieille et l'a rectifiée spontanément en *sẽ jã*.

comme 22 a, fait la même observation, et d'autres témoins 18 a, 21 a disent *r(ė)türnėmĕr* que 19 a a corrompu en *rtürdĕmĕr*. Il y a naturellement, dans les réponses des témoins, une forte part individuelle à Remiremont, si les formes patoises sont très atteintes, il n'y a pas lieu d'y insister ; mais *sȇ mȏrīz* de 4 a, pour désigner le point 2, désigné dans toute l'aire 1-8′ par *sȇ mŭrīj* est purement accidentel, et probablement aussi *ksār lĕ kŭkŭ* d'un témoin de Rupt pour désigner un lieu-dit de cette commune que d'autres désignent par des formes locales *sė l kŭkŭ* 5 c, *-r-* 5 d, 7 c, etc., cf. *Les Parlers*, p. 137.

Les deux principaux cours d'eau de la région, la Moselle et la Moselotte, ont-ils jamais été désignés par des formes locales ? En tout cas on ne dit aujourd'hui que *mŏzĕl* et *mŏzlŏt*, même dans la vallée de la Moselotte, où le suffixe diminutif est régulièrement *ăt*. Il est possible que ces noms aient en somme peu de vitalité et que la désignation usuelle soit *rvėr*, rivière, indiquée par quelques témoins et considérée précisément comme telle par 18. Enfin *ălzăs* est dû à l'invasion du français qui fait reculer le mot local *ŏlmĕ̃* 1-6, *ŏlmĕ̃* 19 d, *ălmĕ̃* 20, 21, *-ĕ̃* 21 = « Allemagne », cf. *Les Parlers*, p. 43, et dont quelques témoins 2 c, 5 c, 6 b ont ajouté qu'il est vieilli.

LE CORPS

kŏr, corps, s'est substitué partout à la forme locale, sauf à La Bresse qui ne connaît encore que *kwŏ*. *tyœ̆*, cœur, ne subsiste aussi que dans la partie reculée de la vallée de la Moselotte, où les témoins 19 c, 20 a, 22 a l'ont indiqué, le premier après avoir employé *kœ̆r*, seule forme des autres localités. La poitrine n'est actuellement désignée que par *pwĕtrīn* ou parfois par « estomac ». Par contre *fwĕ*, foie c. 352, est encore très peu usité à côté de type régional d'origine obscure « gruette » ; cependant 17 f a déclaré que *gĕryăt* désigne le foie des animaux et *fwĕ* celui de l'homme, ce qui indique que le mot est déjà atteint dans sa vitalité; nous traiterons des mots désignant le poumon plus loin. *bwĕ*, boyaux c. 116, ne subsiste qu'en quelques points 1, 2, 7, 12, 19 dont plusieurs témoins le déclarent vieilli, grossier et s'appliquant aux animaux, et il est supplanté par *bwĕyŏ*, *trīp* qui se dit surtout des animaux et « boudin », vulgaire pour 17 a mais qui, pour 21 d, se dit aussi bien des hommes que des animaux. *vĕn*, veine c. 780, n'apparaît qu'isolément à Remiremont, de même que *lĕf*, lèvre, à côté de *pŏt* ; mais *nĕr* 11, 13-15 et *nĕrf* 8-10, nerf c. 521, refoulent les formes anciennes *yĕ*, *yä* ; la lutte n'est pas encore achevée dans les localités 8, 8′, 14, 15. En face de *dŏy* = a. fr. *doie* < *digita*, doigt c. 251, *dä* de 19-21 et *dŏ* de 12 semblent bien être des formes adaptées du français. *pŭs*, pouce, est presque la seule forme actuellement connue ; il ne reste plus que *pœ̆s dŏy* du seul témoin 2 b, et l'adjonction de *dŏy* montre combien *pœ̆s* est devenu précaire [1]. De même d' « orteil » il ne subsiste qu'*ĕëäy* du Val-d'Ajol, tandis que toutes les autres localités ne disent que « doigt de pied ». *jŭ* de 11, 13-15 et *jŏ* de 12, joue c. 423, ont remplacé les représentants du type issu de *geusia*, cf. *ML. EW*. 3750 et qui reste bien solide dans les deux vallées. *jărĕ*, jarret c. 415, apparaît aux points 10, 15, 17, 18, dans les deux derniers encore en rivalité avec *jără*. L'expression locale *mŏl dĕ lĕ tĕt*, « moelle de la tête », encore attestée par quelques témoins de 1, 2, 5, 6, 8′, 21, est fortement attaquée par *sĕrvĕl* et *sĕrvŏ*, qui ne semblent pas être distingués, du moins en parlant de l'homme ; de même *gŏzyĕ* fait perdre beaucoup de terrain à l'expression locale « derrière du cou », indiquée pour quelques témoins de 1, 5, 8, 21, 22. *närin* n'apparaît encore que çà et là, aux points 1, 3, 16, à côté de *nĕrĭ* < *naricae ML. EW*. 5824 et de « trou de nez » ; cependant 13 a et 14 a n'appliquent plus *nĕrĭ* qu'aux animaux. Des formes diverses de « nombril », *nŏbrĭ*, *-l*, surtout *lŏbrĭ* et même *ŏbrĭl*, nombril c. 528, livrent bataille autour de Remiremont et dans la vallée de la Haute-Moselle aux représentants du type régional qui paraît bien être un diminutif de l'a. fr. *boude*, cf. *bedaine D.G.* « Cracher » c. 224 a déjà fait reculer fortement le v. local du type a. fr. *escupir* dans l'aire 1-15, et « crachat » c. 223 n'a laissé au dérivé de ce verbe qu'une vie précaire, puisque (*ę*)*kœ̆pä* n'a été indiqué qu'aux points 1, 22.

PARTICULARITÉS PHYSIQUES

On a vu pp. 22, 34 et 39 qu' « aveugle », « boiteux » et le verbe « boiter » sont empruntés au français et à peu près partout adaptés.

1. Il est curieux que le latin classique ait dit d'une façon analogue *digitus pollex*, César, de B. Gall., III, 13 ; mais il n'y a aucune filiation de l'une à l'autre.

bősŭ, seule forme usitée, est visiblement le mot français. *myò*, *myăt*, muet, muette, de 13 et 12 peuvent être des adaptations ou des survivances, sans qu'on puisse se prononcer, v. p. 34, en tout cas les autres formes *muyŏ*, *-ŏt* et à plus forte raison *muẽ*, *-t*, *mŭyẽ*, *-t*, indiquées soit seules, soit dans sourd-muet c. 725 sont des emprunts récents. *sūr*, sourd c. 724, apparaît dans tout le domaine, *sőr* seulement à Remiremont, et ces deux formes refoulent deux types locaux *eut* qui ne subsiste qu'à Remiremont et représente le fém. de l'adj. ancien issu d'**exsurdus* *ML. EW.* 3079 [1] et un dérivé en *-ŏ*, relevé encore aux points 2, 6, 7, 9, 13-17 mais déclaré vieilli par 2 c, et une expression très répandue « il, elle entend dur, un, une qui... ». Dans « sourd-muet », la forme française *sūr* existe seule, sauf *sőr* à Remiremont, mais presque partout on dit « sourd-et-muet », suivant une syntaxe employée en français central jusqu'à la fin du XVIIIe siècle d'après le *Dict. de l'Académie*, voir *D. G. s. v.*, et répandue encore dans les français populaires. *cōv*, chauve, est déjà assez fréquent à côté du terme local *pẽlă*, *pălă*, *pŏlẽ* = fr. « pelé », et 2 c le considère même comme plus usuel.

TERMES CONCERNANT LA MALADIE

Il est à peine utile de dire que la plupart des noms de maladies sont empruntés au français; et, à côté de l'adjectif qui signifie malade c. 466, partout exprimé par un mot régional, cf. *Les Parlers*, p. 15, et dont on peut à peine signaler une forme hybride *mălăf* de 11 d, « maladie » est, partout où j'ai recueilli le mot, exprimé par le français *mălădī*, parfois légèrement adapté en *mẽlẽdī*. La rougeole, cf. c. 670, et la petite vérole sont, dans tout le domaine, désignées par des mots de formation locale, la première par un dérivé pluriel en *ette* de « rouge », la deuxième par un dérivé du même type et également pluriel de « bosse », *bősŏt*, *-ăt*. *gwātr*, goitre, est très peu employé à coté de *grŏ kŏ*; mais « cor » seul ou combiné avec « au(x) pied(s) », cor au pied c. 210, refoule le mot local *sŏrŏ*, *sé-*,

1. Le v. correspondant issu d'**exsurdare* id. 3078 paraît attesté par *ĕéută* du point 5, dont le *t* vient sans doute d'un croisement avec un v. du type français *assoter*, cf. *aisseuti* Hingre; ce v. peut s'expliquer aussi comme un dérivé du représentant d'**exsurdus*, dont il prouverait indirectement l'existence dans la vallée de la Haute-Moselle.

d'origine obscure, qu'il attaque dans la majorité des points. « Hoquet » c. 411, adapté en *kŏkŏ* ou pris tel quel, a pénétré dans l'aire 11-15. « Vomir » c. 805 et « rendre », celui-ci plus rare, refoulent vigoureusement le v. local issu de « renard », qui passe déjà pour vieilli et grossier auprès de nombreux témoins de la vallée de la Haute-Moselle. A côté du v. local issu de *(re)medicare*, qui signifie guérir c. 404, cf. *Les Parlers*, p. 14, *gĕrī* n'apparaît qu'isolément à Remiremont; mais médecin c. 486 est un emprunt qui s'est produit à deux époques; *mĕtsī* des domaines 1-7 et 10-17 est de la plus récente et est encore en lutte aux points 16, 17 avec la forme antérieure *mĕdīsyĕ*, *-ĕ*, sur laquelle v. p. 98.

LES ANIMAUX DOMESTIQUES

On a vu p. 20 que dans « chèvre » le groupe final *vr* a été rétabli sur le modèle du français et p. 39 que « taureau » est un mot adapté devant lequel *byœ̆* a reculé, au point de ne plus exister, au sens de taureau, que dans une partie du domaine et seulement dans une locution fixée. « Génisse » c. 383 s'est substitué au mot local qui ne survit plus que d'une vie précaire; seuls 1, 2, 5 connaissent encore *tŏrā̆ẹ* et 12 *tūrač*, mais en concurrence avec « génisse », et d'autre part le mot « génisse » lui-même, dans toute l'aire 1-8, se présente sous la forme française *jĕnīs* ou *jè-*, qui paraît bien s'être substituée à une forme antérieure analogue à celles qui existent encore dans les autres localités *jĕnœ̆s*, *jĕ* — ou *jè* —. *kàbrī* est déjà employé par un grand nombre de témoins à côté des différents mots locaux qui signifient chevreau c. 183, sur lesquels v. *Les Parlers*, p. 260. A côté de *brŏ* de 1-10, 17-22, *bèrŏ* de 11-16, *bĕlyĕ* n'a été indiqué que par quelques témoins; mais 2 c a signalé que le mot français est assez usuel. « Brebis » et « mouton », cf. les c. 118 et 513, sont tous deux empruntés au français et, comme on l'a vu p. 16, « brebis » a pris le genre de mouton en quelques points. Des deux emprunts c'est *mūtŏ* qui est probablement le plus récent : 5 g, après avoir indiqué « brebis » et rectifié par *mūtŏ* dans « troupeau de m. », a ajouté que celui-ci est un mot plus français; l'indication de Hingre qu'à La Bresse « *bèrbi* désigne aussi le nuage appelé *mouton* en français » montre que dans cette localité on a le même sentiment et qu'on y a donné à *bèrbi* un sens évidemment emprunté au français. Au reste nos parlers n'ont pas éprouvé le besoin de distinguer nettement la brebis du mouton ; car l'espèce ovine n'est pas abondante dans la région, et on n'en pratique l'élevage qu'exceptionnellement ; c'est ce que révèle aussi la définition de Hingre : « *mouton* : mouton, brebis en général (sic). » *mătŭ*, matou c. 482, a pénétré dans un grand nombre de localités, le plus souvent en concurrence avec la forme locale. On a vu p. 44 comment « jars » s'est adapté en *jòrā* dans l'aire 11-15 d'après le mot préexistant. *kănār*, canard c. 133, est encore très peu usité ; les trois principaux témoins de Remiremont et 15 a l'ont seuls employé. L'interprétation des formes non nasalisées de « pigeon » c. 578 est embarrassante : si *pĭjō* de 11, 15, enveloppé par *pījō* paraît bien être la forme française, on hésite à en dire autant de *pĭjō* de 18 et de *pījō* de 19-22. poule c. 602 est désigné partout par le type « geline », mais *puyòt*, *-ăt*, poulette, révèle une adaptation du français.

Parmi les noms des parties du corps des animaux, on peut noter que *fyèl*, fiel c. 344, envahit l'aire 1-8 et que *fyè* de la majorité des points est probablement une adaptation plus complète de ce même mot, toutes deux refoulant une forme ancienne *fyèe*, *-ę* qui représente l'ancien nominatif de *fier*, cf. *Les Parlers*, p. 54, et qui ne survit qu'en quelques points de la vallée de la Haute-Moselle 3, 4, 6, 7 et plus solidement autour de Remiremont. « Gésier » c. 388, sous les formes compliquées qu'a provoquées son adaptation, v. pp. 28 et 42, refoule un mot local « moulin », encore assez usité dans les deux vallées. *pèy*, pis c. 582, n'est qu'une forme isolée du témoin 14 b.

AUTRES ANIMAUX

sèrf, cerf, a repoussé la forme locale qui n'est plus attestée que par *syā* de 20 a et *cīē* de Hingre. *ćevrœ(y)*, chevreuil, dont il a été déjà parlé p. 43, a envahi presque toute l'aire 8'-16. Non seulement *săglĭyè*, sanglier c. 681, est déjà très usité, notamment dans la vallée de la Haute-Moselle, mais *ēigyè*, *ę-*, malgré leur aspect patois, ne sont que des formes plus anciennement adaptées, comme le montre le suffixe *-ier*, qui, comme on sait, est analogique dans le mot fr. *sanglier* issu d'une forme plus ancienne *sangler* < *singu-*

larem ; seul le Val-d'Ajol a un traitement régulier de la terminaison ; mais *sīgyă, sīdyă* révèlent de leur côté l'influence du français à la fois par leur *s* initial et le flottement des consonnes *g/d*. *ĕkūrœ̆y* de 11, 14, 15, *-œ̄* de 10, 16, *-ǒ* de l'aire 2-13 sont des emprunts diversement adaptés dont on a déjà parlé p. 44. *pūtwę̄* du point 1 et *pītwę̀* de l'aire 8'-11, 16, 17, putois c. 623, repoussent le mot local, et c'est probablement le mot français qui a donné son *p* à *p(e)ṛǒ* de 13-15, v. *Les Parlers*, p. 301. La forme ancienne de fouine c. 357, *fin*, cède du terrain devant *fwin* dans l'aire 1-6 et la région de Remiremont. « Belette » commence à apparaître sous des formes plus ou moins adaptées *bèlĕt* 1 b, *blĕt* 11 c, *bèlǒt* 13 a, *-œ̆t* 12 a, à côté du mot local *mǒtĕl* usité partout sauf *-ǒl* 11, 15, et qui représente le latin *mustela*. On a vu, p. 21, ce que le traitement de « couleuvre » doit au français ; c'est au trouble causé par cette action qu'il faut attribuer la forme purement individuelle *kūlœ̄r* du point 21. Le français « taon », v. la c. 740, a non seulement pénétré au Val-d'Ajol qui dit *tǒ*, mais a amené la substitution de sa terminaison *ǒ* dans *tœ̆vǒ, tăvǒ* de l'aire 11, 13-17 à la terminaison étymologique qui survit dans *tĕvę̀, tāvę̀, -ę̄n* des autres localités < *tabanum*. « Grenouille » c. 400 a éliminé *ren* de la majorité des points, et *krăpǒ*, crapaud c. 225, attaque vigoureusement dans l'aire 1-15 le mot local *bǒ* que plusieurs témoins 2 c, 12, 14 a ont déclaré vieilli. Le recul de ce mot a amené la substitution de *krăpǒ vǒlă*, au point 16, au mot local *bǒ vǒlă* pour désigner la chauve-souris c. 170. Le français « chauve-souris » pénètre du reste dans un certain nombre de points, surtout autour de Remiremont ; et *rĕt vulăt* de 12, 13 est une adaptation lexicale d'après le français, puisque *rĕt* signifie souris ; enfin *sǒf sūrī* de 19 c doit son masculin au mot local. *vèr*, ver c. 785, commence à pénétrer aux points 10 et 11, et 11 c a ajouté que *vyā* se dit à la campagne. « Papillon », sous différentes formes *papīyǒ, păpyǒ, pǒpyǒ*, a fortement atteint la vitalité du mot local *bĭblę̀*, d'origine obscure, cf. la c. 551 et *Les Parlers*, p. 294, et au point 13, il a abouti à une curieuse forme hybride *bǒbyǒ*, v. p. 44. *ărtīzǒ* de la région de Remiremont, mite c. 500, est un emprunt au français ; quant aux autres formes, ce sont des adaptations plus ou moins anciennes et en partie obscures. « Limace » tend à se substituer, dans toute l'aire 1-16, au type local « limaçon », v. la c. 455, et *kǒkīy*, coquille c. 209, s'emploie à peu près seul au sens de coquille d'escargot. « Salamandre » c. 677 est fréquemment employé en concurrence avec le composé local « tesse vache », cf. téter c. 748. Il semble qu'« araignée » c. 38 soit une adaptation qui fait reculer un mot antérieur du type *f(ĕ)lĕr, fī-*, attesté aux points 9, 10, 17, 18, 20-22. « Mouche à miel » pour désigner l'abeille c. 4 est encore peu employé ; 11 d n'a indiqué que *müɛ ă myĕl* et 8 a a précisé : « *mŭɛ ĕ myĕ* se dit également ». Le bousier c. 114 est désigné dans l'ensemble des localités par un composé formé d'un verbe signifiant fouiller et « étron », probablement d'après le français fouille-merde ; et *hlă ftĭ* de 4, 6, 9 semble bien être un mot en voie de recul, que ce composé refoule, cf. *Les Parlers*, p. 255. Pour écrevisse, cf. p. 43.

LES OISEAUX

pĕrdrĭ, perdrix c. 571, est fréquent dans les aires dispersées 1-3, 10, 11, 17, 22 ; de plus cette forme a pris, notamment aux points 1 et 10, le genre masculin des formes locales, dont 2 c, 3 a ont déclaré *pĕddĭ* vieilli. *mĕrl*, merle, a éliminé à peu près complètement les anciennes formes dont il ne reste que *myĕl* du point 3 et le dérivé féminin *mlĕr* des points 19 et 22. Rossignol c. 666 n'a plus de forme locale que *rŏsŋæ̆* du Val-d'Ajol ; parmi les formes empruntées *rŏsiŋŏl* est visiblement la plus récente, mais il est difficile d'établir exactement les rapports de *rĕsiŋŏl* et de *rĕsiŋŏlĕ* ; si *rĕsiŋŏl* est un croisement de *rŏsiŋŏl* et de *rĕsiŋŏlĕ*, ce qui est assez probable, il en résulte que la dernière forme est la plus ancienne des trois, cf. encore pp. 34 et 44. *rwĕtlĕ* de 9, 10. *-ŏ* de 13 et probablement aussi *rĕtlĕ* de 21, cf. *rētlē* de Hingre, roitelet c. 664, sont des emprunts diversement adaptés qui se substituent à la forme locale *rĕsètŏ, -ă*, dont l'explication est difficile. « Geai » c. 378 est repris au français dans les deux vallées ; c'est la région de Remiremont qui, dans toute l'aire 8'-17, conserve la forme ancienne *jăk*, celle-ci certainement issue d'une forme antérieure *jă*, peut-être encore attestée à Remiremont, si *jă* n'y est pas une réfection toute récente. *ĭrŏdĕl*, hirondelle c. 410, de même que *pī(y)*, pie c. 576, sont déjà très usités. Pour les mots désignant la bergeronnette, en dehors de l'emprunt tout récent et encore rare de *bĕrjĕrŏnĕt* de 2 b, c, cf. p. 39.

ARBRES ET PLANTES

Bien qu' « arbre » et *bǫ̂*, arbre c. 39, soient en concurrence dans tout le domaine et que, d'après quelques témoins, « arbre » désigne l'arbre fruitier et *bǫ̂* l'arbre des forêts, il n'est pas nécessaire d'en conclure qu' « arbre » est étranger et emprunté au français. A côté de la forme locale *brās*, la forme française *brāɛ* est adoptée par quelques témoins, notamment dans l'aire 11-15. « Bouquet » a été emprunté par tous nos parlers au sens de fleur c. 351, en quelques points l'adaptation n'est même que partielle : *bǫ̂kẽ* 11, 13, 14 ; d'autre part *flœ̂r* est assez fréquemment repris. L'emprunt de « hêtre », établi dans *Les Parlers*, p. 281, doit être relativement ancien ; mais on voit *pwẽryẽ*, poirier c. 591, se substituer à une forme locale dans l'aire 1-6. Buis c. 128, outre *jǫ̂libǫ̂* de 12, n'a plus de forme locale que *bǽ* du point 2. Quant à *sẽpī*, sapin c. 682, on peut douter que ce soit une adaptation récente qui ait refoulé *sẽp* dans la partie reculée des deux vallées ; car *sẽp* est lui-même issu de « sapin », comme l'a démontré M. Gilliéron, *Généalogie...*, p. 221. Le chiendent c. 187 est, dans la majorité des localités, désigné par *ɛyẽdā̃* ou des termes suggérés par le français, qui ont refoulé le terme local d'origine obscure *kwǫ̂ɛ* 12, *küɛ*, *-ẽ* de la vallée de la Moselotte. *Mūs*, mousse, tend à se substituer à *mǫ̂s*, surtout dans la région de Remiremont. Sur bruyère et fougère, v. p. 38. « Noisette » c. 526 nous a paru, dans *Les Parlers*, p. 238, devoir sa diffusion, en présence du terme ancien *nǽ* encore usité dans l'aire 19-22, en partie à l'action du français. *sitrūy*, citrouille c. 193, commence à apparaître aux points 10, 12, 15, à côté des mots locaux cf. *ibid.*, pp. 138 et 317. *rẽyi*, radis c. 634, ne subsiste plus que dans les localités 1-3 ; partout ailleurs « radis » l'a refoulé. Le mot local *ā̆br*, framboise c. 364, a reculé devant le mot français et n'occupe plus que quelques points des deux vallées 1-6, 20-22. *rā̆p*, lierre, probablement d'origine germanique, v. *ML. EW.* 7032, cède le pas dans la région de Remiremont au fr. *lyẽr*. La fleur champêtre, souvent encore appelée *byǫ̂*, cf. *Les Parlers*, p. 9, est souvent aussi désignée par le fr. *blūẽ*.

La vigne, bien que ce soit une culture totalement inconnue de toutes les vallées vosgiennes, est cependant désignée, dans la majorité des points, par des formes locales qui paraissent anciennes, cf.

notamment *vẽ* de 21, et antérieures aux formes *vīŋ* et *vin* de la partie reculée des deux vallées et de la région de Remiremont, cf. la c. 791. La culture des céréales est également peu développée, on cultive surtout le seigle qui a une forme locale, ancienne dans la majorité des localités, cf. la c. 701 ; cependant « froment » c. 369 est partout adapté et, en parlant du blé c. 101, on dit souvent *byẽ*, *-ă* qui tend à se substituer à « grain », mot qui, grâce à sa valeur générique, sert souvent aussi pour le seigle, mais qui désigne de préférence le blé. Enfin « pomme de terre » c. 595 a pénétré dans les points 1-7, 11, 14, 15 et en élimine les mots locaux, dont il a été parlé dans *Les Parlers*, p. 299, cf. aussi Gilliéron, *Généalogie...*, p. 6 sq.

DIVISIONS DU TEMPS

Parmi les noms de jours, l'absence de *w* après *m* dans *mădĭ*, mardi, v. *Les Parlers*, p. 64, révèle l'influence du français ; mercredi c. 491, comme on a vu p. 43, montre en plusieurs points cette même action et dans la région de Remiremont *mĕrkrĕdĭ* est le fr. non modifié ; enfin, à côté de *sā̆mdĭ*, la forme fr. *sămdĭ* est déjà très usitée.

La série des noms de mois révèle, plus que toute autre, la poussée triomphante du français. Les formes anciennes ou locales sont très rares : seul *ĕvrĭ*, avril, est employé à peu près unanimement ; *ǒ*, souvent renforcé par « mois », août c. 34, subsiste encore dans les deux vallées, mais *ŭ* et surtout *ăŭ*, outre des formes étrangères étudiées dans *Les Parlers*, p. 147, la combattent vivement, *jũ*, juin, de 14, 15, n'est sans doute qu'une adaptation récente ; *jŭlĕ*, juillet c. 427, usité dans les deux vallées, et un peu plus anciennement adapté sans doute que les autres formes attestées, v. p. 19, recule déjà beaucoup, notamment devant *jŭĭyẽ* ; *fŭvrĕ*, février, d'un seul témoin de 19 qui l'a indiqué comme vieilli, a un aspect local, et cependant le v. *fourié* relevé à La Bresse, v. p. 20, montre que c'est une forme déjà refaite.

« Été » et *ŏtŏn*, automne c. 59, sont quelque peu empruntés dans l'aire 1-15, v. aussi p. 45 ; mais *ĭvĕr* a éliminé totalement la forme locale dans toute l'aire 1-17, et « printemps » c. 616, diversement adapté, pénètre dans de nombreux points séparés.

Parmi les noms de fête, on notera carnaval c. 136 où le mot français *kărnăvăl* refoule le terme local « carême entré » qui ne subsiste, et non pas sans y être menacé, que dans les aires 1-5 et 17-12. *mẽtī*, matin, usité partout et dénasalisé en *-ī* au point 20, est un mot adapté du français qui n'a laissé subsister l'ancien terme local que dans l'aire 19-22 : *mẽ* 19-21, *-ẽn* 22 < *mane*, mais il survit partout dans l'ancien composé < *herimane* qui signifie hier ; *ĕrmẽ* partout (*-ẽn* 22), sauf *ér* du Val-d'Ajol, sur lequel v. *Les Parlers*, p. 141, et *yẽr* des deux témoins du centre de Remiremont.

PHÉNOMÈNES ATMOSPHÉRIQUES

čălœ̆r, chaleur c. 150, et *ĕklẽr*, éclair c. 268, apparaissent autour de Remiremont. *bruyār*, modifié en *brŭ-*, v. p. 30, en plusieurs points, brouillard c. 122, fait une concurrence vigoureuse au terme local « les fumées » dans l'aire 1-17. La forme française *vẽrglă*, verglas c. 786, à côté de laquelle *vẽrglẽ* ne se trouve qu'aux points 1-4, 6, 21 et avec laquelle, sauf au dernier point, elle est en conflit, a envahi presque tout notre domaine et n'a laissé qu'une existence précaire aux formes anciennes *wẽrdyẽ* 8, 8', 9, 11, *-ă* et *vŏrdyă* 12. L'aube c. 55 n'est plus désignée par un terme local, *ār* « du jour » qui semble bien représenter le fr. air, que dans l'aire 4-15, cf. aussi *are di-jô* dans Hingre, et il est fortement combattu par « pointe » ou « point du jour », outre les mots français *ŏb*, *ŏrŏr* et d'autres expressions qui montrent la précarité actuelle d'*ār*.

LA MAISON

Pour désigner la maison, en tant que logis, toute la vallée de la Haute-Moselle emploie encore dans la locution qui équivaut au fr. « être à la maison » *œ̆tŏ* = fr. « hôtel », et Hingre indique aussi *eutau* pour La Bresse ; mais le mot est vieilli, ainsi que 1 a l'a dit formellement, et cède chez la plupart des témoins à l'expression française « à la maison ». *tăl*, *ẹtăl*, étable c. 313 [1], ne subsistent que dans les aires 1-6, 17-22 ; ailleurs le fr. *ĕkŭrī*, seul ou accompagné

1. Le pointillé qui doit séparer l'aire *tăl* 1-6 de l'aire *ĕkŭrī* 7-16 manque sur la carte, par suite d'un défaut de la reproduction photographique.

de « des vaches », les a supplantés ; mais « écurie des vaches » qui apparaît déjà au point 1 et l'adjonction de « des vaches » à *tāl*, *ḉtal* aux points 3, 21 révèlent que la vie du terme ancien y est précaire. D'autre part le témoin 1 b a indiqué que *tāl* est un mot vieilli, à propos de l'écurie des chevaux, et la réponse « écurie des chevaux » dans toute l'aire 18-22 montre que, là même où *ḉtal* est usité, « écurie » en est déjà l'équivalent. Le fenil désigné dans l'ensemble du domaine par des représentants de *solarium* est combattu dans l'aire 11-15 par *gèrnèy*, *gè-* ; mais, pour le grenier qui se trouve au-dessus de la grange, c. 399, l'emploi du mot fr. « grenier » par 11 a et 17 a est un simple accident. De même, à côté du diminutif « travette », *pūtr* et *pūt*, poutre c. 605, sont encore d'un usage très restreint aux points 11 et 12. Par contre « escalier », sous les formes *èskälyè* et *-èl-*, *èskäyè* étant une forme isolée de 11 a, a éliminé le mot ancien usité seulement à La Bresse qui dit encore *dègrä*, *dgrä*. *kwè* est déjà très employé pour désigner le coin de la maison, c. 196, et « angle » apparait aussi autour de Remiremont; l'un des deux types locaux, *kār*, bien que largement attesté encore, est cependant vieilli aux yeux des témoins 2 c, 4 a, 13 a. « Jardin » c. 414 est déjà plus ou moins adapté dans plusieurs localités : *jèdī* 20, *jèdī* 12, *järdī* 1-4, 6, 7 ; pour 7 a et 20 a ce mot est un beau jardin, et d'autre part *mwä* est déjà vieilli pour 6 a, 7 a. A côté des deux mots locaux désignant le poulailler c. 601, cf. *Les Parlers*, p. 299, « poulailler », sous des formes diverses, mais proches du mot fr., a été également employé par beaucoup de témoins, cf. aussi plus haut p. 45.

LA VIE AGRICOLE

« Paille » c. 549 attaque, sous les deux formes *päy* et *pèy* et en de nombreux points, le mot local issu de *stramen* ; son triomphe est à peu près complet autour de Remiremont, où 12 b déclare *ètrè* moins usuel; et dans la vallée de la Haute-Moselle elle-même 2 c en a dit autant de *trè*. *fūmyè* est déjà très usité à Remiremont, à côté du type local issu de *femus* *ML. EW.* 3311 : *fyè*, 1-10, *-è* 11 c, 14-22, *-è* 12, 13. Le tas de fumier est désigné par un mot local d'origine inconnue *pār* (m.) dans l'aire 11-12, mais ailleurs on dit seulement *tā*. Seuls les points 21 et 22 disent encore pour la crème *svō*, dérivé d'un représentant de **sagimen*, cf. *D. G.* s. v° *saindoux*, plutôt que de **saginum ML. EW.* 7502; ailleurs le fr. *krem* a triomphé ; mais *pti lèy* de 11 a et *pti lāsè(y)* de 11 a, 15 a, petit-lait, sont des accidents à côté de *tyè* partout, sauf *tyā* 12 = fr. « clair », cf. *Les Parlers*, p. 55. De même *tirè* n'a été employé que par deux témoins 3 a, 17 a, à côté de *trār* usité partout, sauf *trèr* 12. *bèt*, soit seul, soit avec « à la grange », battre à la grange c. 87, apparaît en quelques points 11, 14, 15, 17 à côté du type local « marcher ». « Atteler », v. les c. 53 et 54, ne s'applique pas seulement aux chevaux mais, grâce à l'action du français, est devenu un concurrent sérieux de « joindre », en parlant des bœufs, dans les deux vallées.

TERMES DÉSIGNANT LES OUTILS ET VERBES CORRESPONDANTS

Celui qui désigne la pierre à aiguiser, cf. la c. 631, n'a été modifié sous l'influence du français qu'indirectement, par l'intermédiaire d' « aiguiser », c. 12. Dans ce verbe il semble bien que les formes *règüjè*, *-hè* des points 11, 12, 14, 15, 17 doivent leur *g* à une action récente du français, celles avec *v* étant dues à une adaptation plus ancienne, cf. supra p. 32. *furs*, fourche, n'apparaît qu'à Remiremont, mais *svālè*, chevalet c. 180, est la seule forme de l'aire 18-22, tandis qu'ailleurs le mot est adapté. A côté de *vis* 1-8', *viç* de 10 a, 17-22, la région de Remiremont emploie la forme française *vis*, que le témoin 7 a a déclarée aussi plus usuelle. « Tarière » c. 741 semble avoir été emprunté et diversement adapté dans les deux vallées et s'être substitué à des mots locaux, sur lesquels v. *Les Parlers*, p. 309. *mānivèl* et *mèkānik* refoulent partout les deux mots locaux *hörn* et *simyèl*, v. *ibid.*, p. 286. « Coin » a aussi fortement entamé, surtout dans la région de Remiremont et la vallée de la Moselotte, les mots locaux qui désignent le coin à fendre le bois, v. *ibid.*, p. 262. « Maillet » apparaît aussi çà et là et a surtout donné naissance à la forme féminine « maillette », v. plus haut p. 44. *āklüm*, enclume c. 290, a refoulé la forme ancienne qui ne résiste solidement que dans l'aire 17-22 qui dit encore *(è)kim* ; dans la vallée de la Haute-Moselle *kim* ne survit qu'aux points 2, 5, 7, où il est déclaré vieilli, et 5 a, 7 a ont ajouté qu'il désigne la petite enclume du faucheur. Mais en ce sens il n'est pas susceptible d'une longue vie, car les parlers possèdent un autre mot « battement », antérieur à l'intrusion du français *ăklŭm*, cf. à La Bresse *batmò* en ce sens d'après Hingre. En présence du mot local *sāp* (m.) de 2 a, c (lequel ajoute que c'est un mot vieilli), 5 a, *ç̂-* de 21 a, cf. aussi *khâpe*, ciseau pour creuser les mortaises, Hingre, probablement, comme le dit celui-ci, du même radical germanique que *khabe*, bouvet, cf. *Les Parlers*, p. 267, et avec un *p* dû aux parlers alémaniques, *sĭẓẽ* de la plupart des témoins, sauf *sĭẓǒ* 11 c, 14 a, *sĭẓyǒ* 11 a, b, 13 a, précisé en « ciseau de planche » par quelques témoins de 6, 7, 8, 9, sans doute pour distinguer plus nettement ce mot de *sĭẓẽ*, ciseaux de couturière, apparaît comme un emprunt récent. *ĕtŏ*, étau, s'est substitué à la forme ancienne *ĕtŏk* (f.), attestée seulement par 18, 21 a, cf. aussi *ètóque* (f.) Hingre. *fŏrjĕ*, forger c. 354, a pénétré aux points 11 et 14, mais en outre « forger » n'est peut-être partout qu'un mot assez récemment adapté et qui a refoulé un terme plus ancien dérivé de « maréchal », terme attesté aux points 9 et 13, cf. aussi *mairchauda* Hingre. *klŭĕ* de 11, 14, 15 et *tyŭĕ* de 11, clouer, tendent à éliminer la forme locale *tyŏlă*, *-ĕ*.

TECHNIQUES ET OBJETS USUELS
NOMS DE MÉTAUX

Il est impossible de décider si *ĕsĕ*, acier c. 10, usité dans les deux vallées, est une forme ancienne qui recule devant le français ou une forme complètement plus adaptée ; par contre il est certain que *fĕr*, fer c. 340, a envahi toute la région de Remiremont et a pénétré dans un composé local formé de *pŏ* < *palum* + « fer » au sens de levier c. 451, à peu près dans la même aire.

USTENSILES ET OBJETS DE MÉNAGE

vĕsĕl, vaisselle c. 776, a envahi presque tout le domaine ; des formes locales ne subsistent qu'en quelques points *wĕsĕl* 2, 4, 5, *wăẹ̄l* 18, *vĕẹ̄l* 13, *-ĕ-* 12. « Crémaillère » c. 227 est déjà très usité dans la vallée de la Haute-Moselle et dans la région de Remiremont, en concurrence avec les représentants du type *cramail*, v.

Les Parlers, p. 40. *kŭñyǒ*, écouvillon c. 275, du point 1 est refait sur le français. *dẽ(y)*, dé, est également isolé à Remiremont à côté de *dǒ*, forme unique de tout le domaine. « Aiguille » paraît avoir repris récemment *g* dans *ẽgæ̃y* de 11-14 et *-æ̃y* de 12, cf. plus haut ce qui a été dit d' « aiguiser » et p. 32. « Fuseau » c. 371, adapté ou non, refoule ou attaque *fŭ* dans la majorité des localités. *lãm*, lame c. 439, est également en concurrence à peu près partout avec *ălmẽl*, *ăr-*, *ŏr-*, anciennes adaptations du fr. archaïque *alumelle* ; si ces formes sont encore largement usitées, 2 c a déclaré *ŏrmẽl* vieilli, et l'explication de 6 a, d'après lequel cette forme se dit des lames de couteaux se pliant sans ressort, revient au même. *lãtẽrn* occupe toute l'aire 1-15, *lãtyẽn* n'a plus qu'une existence précaire au point 5, mais *lãtyãn* est solide dans toute la vallée de la Moselotte. « Entonnoir » c. 301, diversement adapté, a refoulé le mot local *trãtŭ*, probablement dérivé de *trar*, et qui subsiste dans les deux aires 1-6, 17-22, mais non sans y être battu en brèche, car 3 a, 5 b l'ont déclaré vieilli. *brĭkẽ*, briquet, est usité partout et n'a laissé qu'une vie très affaiblie aux mots locaux *ĕĭku* 3 a, pour qui c'est un mot vieilli, et 5 a, dérivé d'un v. *ĕĭkẽ*, probablement d'origine onomatopéique, et *fĭhu* de 19 a, 21 a qui est du même type que le fr. *fusil*, avec substitution de suffixe. *ĕĭfŏ*, chiffon p. 181, attaque vigoureusement les deux mots locaux *gwãy*, d'origine inconnue, et *pẽt* qui équivaut au fr. *patte*. *ẽtŏf*, étoffe c. 318, fait concurrence, dans tout le domaine, à *mẽt*, déjà déclaré vieilli par 2 d, 6 f. 13 a, 17 a, et qui représente probablement un type « matière », avec suppression du suffixe ; on peut appuyer cette interprétation sur le fait que Miélin, n° 25 de mon enquête en Haute-Saône, dit encore *mãtẽr*. *lĭzyér*, lisière de drap c. 457, supplante le mot local *smæ̃* = a. fr. *cimois* < peut-être **cimussium* *ML. EW.* 1918, qui subsiste dans les deux vallées, non sans y être fortement combattu et même déclaré vieilli par le témoin 2 c. *ŏryẽ*, oreiller, n'a laissé subsister comme mots anciens que *ĕẽvǒ* = fr. *chevet* au Val-d'Ajol et *ĕẽfsǒ* dérivé du même type avec le suffixe *-al* (cf. le fr. *chevecier* et *ĕẽfsi* de 23-26) ; mais cette dernière forme n'a été fournie que par 21 a et la femme de 19 d, laquelle est originaire de Cornimont (20) ; quant à 20 a, il ne l'a indiquée que sur ma demande et en ajoutant que c'est un vieux mot ; enfin il a été relevé à La Bresse par Hingre, s. v° *chèfçau*. « Essuie-mains » c. 310, diversement adapté, se substitue çà et là au terme local dérivé d' « essuyer » *ϵūrǭ* [1], *ę*-, *ę*- ; en outre « torchon » et une forme hybride « torche-mains » ont été adoptés dans la région de Remiremont, entraînés par la substitution de « torcher » à « essuyer », dont il sera traité plus loin. Un dérivé en *-ur* du v. vêtir, au sens de vêtement, est encore usité dans l'ensemble de notre domaine ; j'ai en effet recueilli *vę̄tur* dans beaucoup de localités de 1-19, *vę̄ętur* au point 22, *ęrvę̄*- et *-vǣ*- au point 21 ; mais *vętmǭ*, *-ǭ* y est aussi usité et *ębi* est en outre employé partout. Omelette c. 532 est naturellement partout un mot emprunté, mais, à côté de formes relativement anciennes comme *ămlę̄t* 2, 11, *ęmlę̄t* 1, *ămǭlę̄t* 22 et la plus répandue *ęmǭlę̄t* d'où *-ăt* 12, *ǭmlę̄t* a été repris plus récemment. *sǭmur*, saumure c. 685, a éliminé *sǭmǣr* qui subsiste aux points 1, 2, 5, 11-15, 18, 20, 22, et où il est fréquemment en lutte avec le mot français. *bǣlī*, bouillie c. 109, a envahi la plupart des localités et a refoulé un mot local *pę̄pę̄*, mot d'enfant du même type que le verbe de l'anc. fr. *paper* < *pappare* *ML. EW.* 6214, relevé dans l'aire 1-7 et aux points 20, 21, cf. aussi *paipai* Hingre [2].

TERMES DIVERS

plātǭ, adapté en *pyę̄tǭ* par 2 c et *pyę̄tę̄* par 1 b, s'est substitué dans la majorité des points de l'aire 1-15, au sens de plateau de montagne c. 586, aux termes locaux « plain », « plaine », et surtout au dérivé « plainet » *pyę̄nǭ* 1-5, 8', *pyę̄nā* 17-22. « Piquet » et « poteau », c. 600, ont éliminé un vieux mot *pǭ* <*palum* qui n'existe plus que d'une façon précaire dans le composé pó + « fer » v. p. 73 et au sens de bâton ; en ce dernier sens je ne l'ai obtenu qu'en le demandant formellement, et la plupart des témoins interrogés ont ajouté que c'est un mot rare. « Lien de bois » s'emploie volontiers à côté des mots locaux *hā* = fr. hart, recueilli dans un grand nombre de localités et (*ę*)*r*(*ę*)*wǭt* <*retorta* du Val-d'Ajol.

bę̄ę, *-ϵ*, auge c. 57, ne résiste que dans la vallée de la Moselotte, v. *Les Parlers*, p. 54 ; ailleurs il a cédé au mot fr. « auge » : *āj*, *-j* de l'aire 1-8' peut être un emprunt aux parlers franc-comtois, comme

1. *ϵūrǭ* a été omis sur la carte, dans l'aire 1-8'.

2. Les autres mots de la carte ne sont pas des réponses tout à fait exactes ; car ils signifient purée.

nous l'avons admis id. p. 147, mais aussi bien une adaptation inverse d'après celles que nous avons vues plus haut p. 29. — « Béquille » c. 93, diversement adapté, a éliminé *krǒs* ou le combat dans la majorité des points. — *ẽsyæ̃* et, par croisement, *ẽçyæ̃* se sustituent chez quelques témoins aux formes régulières *ẽει, ẽçι* <*axile*. « Jante » c. 413 a refoulé dans l'aire 1-8', avec une modification dont il a été parlé p. 46, un mot local représenté encore dans le reste du domaine par *jābé, j* —, dérivé d'une forme disparue issue de *cambita*. — « Poussière » c. 603, rarement adapté, attaque vigoureusement le dérivé local *pũsǒ* qui résiste péniblement dans l'aire 1-15, tandis que *pũsā* semble être plus solide dans l'aire 16-22. — *pwẽzǒ*, poison c. 593, a envahi la grande majorité des localités et 2 c déclare déjà *pũjǒ* vieilli. — La ligne à pêcher, bien que désignée encore par la plupart des témoins par des formes locales : *lẽŋ* de tout le domaine sauf *lẽ* 20, 21, *lẽn* 22, l'est souvent aussi par le mot fr. *liŋ* qui devient *lin* à Remiremont. — *sẽrkœy*, cercueil c. 145, apparaît dans l'aire 1-15, 6 a l'a déclaré plus usuel que *vā* que 7 a a de même qualifié de vieux mot. — Parmi les termes de jeux, « fronde » est actuellement aussi usité dans l'aire 1-12 (seule partie du domaine où le mot ait été demandé) que le mot *fyādǒl*, sans doute du même type que l'a. fr. *fondeble* <*fundabalus ML. EW.* 3578, avec une syllabe initiale corrompue, et *tupi* l'est également à côté de *pidǒl*, plus rarement — *ǒn*, *pidône* Hingre. — Le feu-follet, généralement désigné par *kũlā* sauf au Val-d'Ajol qui dit *eũlǒ*, l'est souvent, dans l'aire 1-15, par le mot français. — « Gravier » c. 396 est emprunté non seulement sous la forme fr. *gràvyẽ* de l'aire 10-14, mais sous les formes adaptées *grẽvẽ* 2, 5, 17-22, *-ẽy* 12 ; Hingre signale encore *graive* à côté de *graivé* ; mais, avant l'adoption du mot fr., nos parlers ont, pour des raisons obscures, créé des dérivés *grẽvǒ, -ā*, encore usité dans la vallée de la Haute-Moselle et autour de Remiremont, et *grẽvi* aux points 3, 4, 6, ce dernier pourvu d'un suffixe *i* dont l'explication n'est pas claire. —*tā*, tas, et *mǒsẽ*, monceau, tendent à se substituer au mot local *mwǒ*<*metale ML. EW.* 5549, encore assez usité notamment dans la région de la Bresse ; ces deux mots entrent aussi en lutte avec le représentant du type* *muricarium*, désignant un tas de pierres dans un champ, c. 743, bien que celui-ci soit encore solide et que plusieurs témoins aient, en somme, par leurs explications, fait comprendre que *tā*, *mǒsẽ* désignent surtout un tas quelconque. — La forme ancienne de « sou », *sö*, ne survit plus, à côté de *su*, qu'en quelques points 21, 22 où elle est encore usuelle et 1, 2 où elle est vieillie ; *frã*, franc (monnaie), refoule aussi, mais moins vigoureusement « livre », encore très vivant dans tout le domaine. — *fèt* est le seul mot pour désigner la fête du village dans la majorité des localités des deux vallées ; mais autour de Remiremont subsiste encore un mot local d'origine incertaine, peut-être issu de l'allemand *weihe*, *wöy* (pl.) 11, 13-15, *wăy* 16, 17, *wěy* 12. Quant à retour de la fête c. 654, le mot fr. *rtür* apparaît à peine aux points 12 et 16 ; le mot local qui représente lui-même « retour » ne se dit *rtŏ*, *rtwŏ* que dans l'aire 2-5 ; ailleurs il a été croisé avec « coup », d'où *rkŏ* de 11, 14, 15 et *rkwă* de 1, 6-11, 13, 15-19 ; *rkwă* de 19-22 est une adaptation locale d'après la correspondance *ă* = *o* dans le suffixe *-et*. — Quelques formes ne sont encore qu'accidentelles et sont employées surtout à Remiremont : *püdr*, poudre, 16, 11 a-c, *flăm*, flamme, 11 a, 16 a à côté de *pur*, *fyăm* des autres témoins et *ẽ l ẽbrĭ*, à l'abri de la pluie, c. 7, seulement à Remiremont.

Parmi les adjectifs de couleur, *blœ̃* est devenu la seule forme usitée, la forme ancienne *byŏ* ne survivant qu'au sens de bluet, v. p. 68. Pour « brun », v. p. 22. — Tiède, en parlant de l'eau, se dit ordinairement *düs*, cependant *tyéd*, *-t* est aussi très fréquent. — A côté de *čę̌*, *čé*, cher, en parlant du prix d'une chose, *čẽr* est la seule forme de l'aire 11-16 et pénètre déjà au point 17.

TERMES MORAUX

dyœ̃ et *bŏ dyœ̃* ont pénétré partout et éliminé la forme locale *de(y)* qui ne survit que dans des expressions toutes faites, par exemple dans le composé qui signifie mendiant, v. p. 58. De même « âme » ne présente à côté d'*ăm*, de forme locale que dans l'expression « Dieu ait l'âme d'un tel » qui se dit, partout où je l'ai recueillie, *dẽz ă l ẽm*. Parmi les formules de salutation, *bŏjur* et — *u*, bonjour, est de beaucoup la plus usitée : une forme ancienne *bwŏjŏ* n'a été relevée qu'aux points 19, 21, 22. De même *bŏswẽr* est devenue la forme à peu près unique ; *bŏsŏ* de 11 a-c est une adaptation locale ; seul 2 c a signalé *bwẽsă* en ajoutant que c'est du vieux patois. Les formules de salutation prises au français en ont éliminé une autre où *dŏde(y)* figurait avec des termes tels que « encore vous » placés devant, et que la plupart des témoins qui l'ont donnée ont qualifiée de vieillie (ou d'étrangère, 2 c l'attribuant à la vallée de la Moselotte). *mãsõe* et *mãtrī*, mensonge, ne sont usités qu'à Remiremont ; partout ailleurs on dit « bourde » : *bwõd* 1-10, 16-22, *-õd* 12, 15, *-t* 12, 13, 14. A la forme d'origine obscure *sim*, signe c. 711, cf. p. 36, tend à se substituer dans l'aire 1-16 la forme fr. *siŋ* 1-7, 9, 16, et, par adaptation locale, *sin* 10, 11, 14.

Les adjectifs marquant diverses dispositions de l'âme sont particulièrement sujets à l'emprunt : *mà* = fr. archaïque *mal* est devenu très rare : je ne l'ai relevé qu'au point 14, et Hingre le donne encore avec un féminin aberrant *mãhe* ou *mãhhe*. *mãr* < *minor*, cf. *Les Parlers*, p. 102, bien que moins atteint, est cependant moins usuel que les adjectifs empruntés au fr. « méchant » et « malin », qui équivalent pour le sens respectivement à mauvais et à méchant. *vīlẽ*, vilain c. 792, est également très usité et attaque à peu près partout les adjectifs locaux *pœ̃* < *putidus* et *wẽt* < alémanique *wuest*, cf. *Les Parlers*, p. 315. « Paresseux » c. 552 commence à supplanter dans l'aire 1-7 le type « truand », dont on a déjà parlé pp. 30 et 36, *trũyã* est déjà vieilli aux yeux de 2 c ; en outre *jẽyã* paraît se développer surtout autour de Remiremont. « Maladroit » c. 467, diversement adapté, est devenu prépondérant et a singulièrement réduit la vitalité de *nīs* = fr. arch. *nice* et *lõd* qui est sans doute le féminin de « lourd ». « Bavard » c. 88, diversement adapté, l'emporte aussi sur divers mots locaux, cf. *Les Parlers*, p. 253. De même « joyeux » c. 426 fait une rude concurrence à des emprunts plus anciens « gai », « aise » et *rẽzũ* = a. fr. *résous* du point 22, et *tīmīd*, *-t*, timide c. 749, *pœ̃rœ̃(y)*, peureux c. 574 aux termes variés qui expriment les mêmes idées. A côté du participe présent du v. « haïr », *hẽyã*, *hãyã*, usité partout au sens de désagréable et d'un dérivé du v. « charger » *ẽčjày* 19, 22 qui a un sens analogue (dans d'autres localités je l'ai recueilli, parfois avec un autre suffixe, au sens d'irascible, mais probablement par suite d'indications insuffisamment précises), *ẽnœ̃yã*, *-ũy-*, *-ǫy-*, = fr. ennuyant tend à devenir très usuel.

VERBES MARQUANT DIVERSES SORTES DE L'ACTIVITÉ

nẽtwãyẽ, nettoyer c. 523, attaque vigoureusement et, dans plusieurs points de l'aire 16-22, a éliminé la forme locale ; ailleurs les témoins ont parfois employé des mots de sens voisin, mais c'est également dans l'aire 16-22 qu'on a recours à d'autres mots français *rěkürě* 16 a, 17 a, (*r*) *ěpròpriyě* 5 a, mais aussi 21 a. *ɛwězir*, choisir, n'a laissé que peu de vitalité à *dělěr* dans l'aire 1-15, trois témoins seulement 1 c, 2 c, 5 c l'ont employé, mais (*ě*)*hlěr* est solide dans la vallée de la Moselotte. Le recul du verbe d'origine inconnue *ěhòɛ̌ě*, *-ɛ-*, commencer c. 201-3, doit être relativement ancien, car c'est un composé « encommencer », disparu du fr. actuel, qui l'attaque dans tout le domaine, et une forme plus proche de « commencer », *kòmòsě*, n'apparaît qu'à Remiremont. Si le verbe local *hòtă*, *-ě* <além. *halte*", cf. *Les Parlers*, p. 319, est encore solide dans nos parlers, cependant « finir » lui fait une concurrence, surtout dans l'aire 1-15. « Épargner » c. 304 et surtout « ménager » ont à peu près éliminé le mot local d'origine obscure *rěprějě* *-j-*, encore assez usité dans l'aire 1-8', cf. aussi *rěprăjě* 1 a et *reprangé* Hingre, mais que 2 c déclare vieilli. Bien que tous nos parlers emploient « demeurer » *dmüră* 1-10, 12, 16-22, *-ě* 11, 13-15, qu'ils ont indiqué en réponse à rester, ils acceptent cependant « habiter ». « Laisser » c. 436, sous les formes *lěçě* 11, 13, 14, 17, 19-22, *-ī* 18, *lěɛ̌ě* 12, semble être une adaptation relativement récente et qui attaque *lăyě*, *lěyě* = a. fr. *laier* d'origine obscure. *rěspīrě*, *-ă*, respirer c. 652, tend à se substituer à « souffler », surtout dans l'aire 1-15. « Veiller » c. 779 a refoulé l'ancien verbe dérivé de *lūr* <*lucubrum*, dont *lüryě* ne survit que dans l'aire 19-22. Estimer n'a été l'objet que d'une enquête fragmentaire : des faits recueillis il résulte qu'*ěmă*, *-ě* = a. fr. (*a*)*esmer* est vieilli, car une partie des témoins n'a indiqué ce verbe que sur demande, et plusieurs ont employé *ěstīmě* 16 a, *ěɛ̌tīmă* 12, *ěç* — *ě* 18-22. *kòză*, *-ě*, parler c. 553, attaque dans l'aire 1-16 « parler » et *pròɛ̌ě*, « prêcher », attesté aux points 5, 16, 17. « Sucer » c. 729 a supplanté dans l'aire 11-15 le mot local d'origine obscure et commence à le combattre dans l'aire 1-7. Le verbe « douter », au sens de craindre, est encore très solide ; cependant « avoir peur » apparaît çà et là, notamment autour de Remiremont. De même le mot local qui signifie sevrer c. 709 = a. fr. *espanir*, v. *Les Parlers*, p. 68, ne cède que très peu au mot fr., car *sěvrě*, *sɛ-* n'ont été relevés qu'aux points 7 et 11.

B. — MULTIPLICITÉ DES MOTS LOCAUX.

Dans un nombre assez important de mots, l'emprunt du français a été favorisé par la concurrence de plusieurs types locaux. Il est en effet compréhensible que les patois recourent volontiers au français en ce cas ; car la coexistence de plusieurs termes rend chacun d'eux moins résistant et, d'autre part, le besoin d'un terme nouveau et commun a plus d'occasions de se faire sentir. Enfin, en plusieurs de ces cas, nous avons affaire à des mots que le langage aime à renouveler, et le français vient naturellement à l'aide de nos parlers pour les enrichir.

M. Gilliéron a expliqué, *op. laud.*, p. 6 sq., que le français pomme de terre est venu au secours des patois pour les délivrer des « tâtonnements qui précèdent la fixation définitive d'un terme désignant une chose nouvelle », et nous avons vu p. 69 la manifestation de ce fait dans nos parlers. L'affaiblissement du mot local *fyœ̆r*, fourrage c. 362, que je n'ai relevé qu'aux points 2 et 5 (le témoignage de 5 a qui l'a déclaré plus usuel n'a qu'une valeur individuelle, car c'était un vieillard de plus de soixante ans) et que Hingre, si richement documenté, ne connaît plus, et la substitution de « foin » ont favorisé l'adoption de « fourrage », devenu prépondérant dans l'aire 1-18. En présence de tant de termes signifiant averse c. 62, cf. *Les Parlers*, p. 250, la majorité de nos parlers ont pris *ăvẽrs*, adapté en *ẽvẽrs* seulement à Remiremont. Tandis que *kŏpŏ* n'a été relevé qu'au point 12 pour le copeau de hache, c. 207, qui n'est désigné que par un seul type < *hastella*, il l'a été aux points 9, 11, 12 pour le rabot de rabot, c. 208, pour lequel nos parlers emploient quatre mots, cf. *ibid.*, p. 263. La coexistence de trois mots pour le cône de sapin c. 204, *kŭ* = queue au point 12, *ĕé* et *ĕẽ* = fr. chef dans l'aire 7-10, 14-22 et un type d'origine inconnue *ĕăkœ̃y*, -*ẽn* dans l'aire 1-8, v. *ibid.*, p. 263, ce dernier peut-être plus récent, ainsi que cela semble résulter de l'indication de 8 a qui déclare *ĕẽ* vieilli et emploie aussi *ĕăkœ̃y*, explique la pénétration de « pomme » seul ou en combinaison avec « de sapin » aux points 10, 11, 13, pénétration qu'annonce aussi l'adjonction du « de sapin » aux mots locaux par de nombreux témoins. *mwŏr*, museau de la vache, n'a plus été employé que dans l'aire 1-5, son concurrent principal est « nez » ou « bout du nez », quelques témoins ont dit par im propriété *gǽl*, qui est partout un emprunt au français ; cette situation a favorisé l'adoption de « museau », qui, sous les trois formes *müzǒ*, *-ẻ*, *mǽzẻ*, est déjà très usité. En présence des trois mots signifiant tartine c. 742, et cf. *Les Parlers*, p. 310, *tắrtĭn* a été adopté autour de Remiremont. Le succès de « palissade » au sens de claie, attesté par l'usage de la grande majorité des témoins interrogés, provient sans doute de la concurrence des mots locaux dont aucun n'avait réussi à s'imposer : *wād* = fr. garde 2 b, *ẻtyǒjǒ*, dérivé du v. « enclore » 2 c, *tyǒhǒ* = fr. cloison 17 g, *ẻtyǒt*, p. passé fém. du v. « enclore », 6 a (donné aussi en réponse à haie par 2 b), *pẻlǽ* (m.), dérivé ancien du représentant de *palus* 5 a, *bẻrẻ* (m.), dérivé de « barre » 11 b ; cette variété de termes explique aussi l'emprunt de *klǒtür* 8 a et l'emploi impropre de *hāy*, haie, par 21 c, 22 b. « Crible » et « cribler » c. 231, sous les formes *krìbl* et *kriblẻ*, *krĭp* seulement à Remiremont et *krìblă* au Val-d'Ajol, ont envahi la grande majorité des localités : deux types locaux étaient en effet en concurrence, un type dérivé de « sas », attesté seulement par *sāsǒ* de 4, *sāsā* de 21, où il est déclaré vieilli, et le v. *sāsẻ* aux points 1, 4[1] et un deuxième type d'origine inconnue, très usité dans l'aire 11-17 *rẻj*, *-ɛ*, *rẻjẻ* au point 19, cf. aussi *rèche* Haillant et *rēhe*, *rēhé* Hingre. Nos parlers possèdent des termes très variés pour désigner les pièges, cf. la c. 577 et *Les Parlers*, p. 297, et si la plupart des témoins les distinguent assez nettement, cependant un témoin de 22 a employé d'une façon erronée *rẻtǽr*, exactement souricière, au sens de piège à oiseaux. D'autre part, à côté de « lacet » et de *fìlẻ* de 11, *sǒtrel* de 9, 11, 14 empruntés récemment au français, deux mots propres à nos parlers, « ressort » adapté du français, v. plus haut, p. 45, et le mot d'origine alémanique *fāl*, *fǎl*, cf. all. *Falle*, s'appliquent à la fois aux pièges à oiseaux et à renards, et le deuxième exceptionellement aux souricières : en présence d'une telle variété de termes et d'acceptions, on comprend que divers témoins des localités 1, 2, 4, 6, 10, 15, 18, 19 aient également employé *pyẻj*, *-ɛ* au sens de piège à oiseaux ; cependant cet emprunt n'a été fait pour les autres pièges

1. Mais le mot est solidement établi au sens de grillage placé à l'entrée des tuyaux de fontaine pour arrêter les saletés : *sāsǒ* 2 c, 8′ a, 14 a, — *ă* 19 c, et dans toute l'aire 1-8 *-ǒ* au sens de claie pour passer le sable ; cf. aussi *sassot*, crapaudière (sic), grenouillière (sic), Haillant (ce dernier mot est du fr. prop., comme le montre *grẻnüyẻr* de 12 a avec le sens indiqué au début de la note).

que par 15 a dans *pyɛ̃e ɛ̃ rnɑ̃* ; en effet, si les termes qui désignent ces pièges sont assez variés, ils le sont sensiblement moins que ceux qui désignent les pièges à oiseaux. La cuve à lessive c. 238 est désignée dans la majorité des localités par *bü*, dérivé du v. « buer » < franc *būkon ML. EW.* 1379 ; ce mot, ayant reçu, suivant Hingre, le sens de grand cuveau de lessive et de tout grand cuveau de ce genre, est souvent précisé par « de buée » ; mais, du moment que *bü* était ainsi affaibli, il pouvait être facilement attaqué par « cuveau », attesté en effet avec « de buée » aux points 4, 6, 13, 21, et « tonneau » entre même en ligne au point 12 ; en présence d'une telle variété, « cuve » commence à pénétrer soit seul aux points 3, 11, 13, 14, soit en combinaison avec « de buée », sur le modèle du composé local, au point 15 ; *küv dɛ̃ lɛ̃if* du point 12, refait sur le français, tout en étant encore accidentel, est dû, lui aussi, à la situation troublée qui a donné naissance aux autres termes. La concurrence des divers types qui signifient nuage c. 530, cf. *Les Parlers*, p. 291, a amené l'emprunt de « nuage », plus ou moins adapté en quelques localités. Tandis que nos parlers n'empruntent que très peu « été », « printemps », sous des formes diverses, a pénétré dans beaucoup de localités ; il est vrai qu' « automne » est aussi peu emprunté qu' « été », et cependant les termes qui le désignent sont aussi variés que ceux qui désignent le printemps ; mais il ne faut pas oublier que nous sommes en présence de tendances et non de lois, et d'autre part le type « Saint-Martin » qui est employé dans l'aire où « printemps » est emprunté y est plus solide, soutenu qu'il était par l'application de ce terme à la date de l'échéance des baux, v. p. 60, et *Les Parlers*, p. 248 sq. Si *jòrɑ̃*, jars, a pénétré dans l'aire 11-15, *mätü* et *käbri* dans un grand nombre de localités, v. p. 64 sq., ces emprunts ont été favorisés par les différents termes locaux qui désignent concurremment ces animaux. Il en est de même des emprunts de « coin » de la maison, de « jardin », de « poulailler », de « chiffon », de « briquet », v. plus haut pour tous ces mots. *mɛ̃ɛ*, mèche de cheveux c. 483, a envahi la majorité des points et a laissé peu de place aux différents termes locaux en présence, v. *Les Parlers*, p. 287[1]. *pɛ̃lür* de l'aire 1-4 et *pàlür* de 12, pelure c. 564, sont des emprunts qui intervienent dans la concurrence des autres termes, v. *Les Parlers*, p. 295 ; la

1. Nous reviendrons plus loin p. 107 sur les formes *mü̃ɛ̃*, *-ɛ*.

lutte est encore en cours dans l'aire 1-4. Le français dévidoir, adapté en *dĕvœ̆dyŭ*, *-ŏ*, usité dans presque tous les points, c. 248, tend à se substituer à *hāp* < all. *haspel*, ainsi que cela résulte des explications des témoins, en raison de la rivalité ce mot et de l'autre du type lorrain *girouante*, sur lequel on peut consulter A. Thomas, *Essais de Philologie Française*, p. 308. *trō̆*, *trŏ*, tronc c. 768, a été emprunté dans la majorité des points, non seulement par suite de la gêne résultant des différents sens qu'a pris *tŏlō̆*, v. plus loin, mais à cause de la coexistence de *tŏlō̆*, de *byœ̆*, féminin du type « bloc » et de *trō̆s*. Il est probable que *ćā̆*, *ćā̆*, champ c. 152, est un emprunt, car non seulement nos parlers emploient plusieurs termes pour désigner l'essart, mais de nombreuses indications des témoins il ressort que « lieu » est un mot courant appliqué à toute espèce de champs, et c'est la concurrence de tous ces termes qui a causé l'emprunt de « champ ». On en peut dire autant de labourer c. 434 ; nos parlers ont non seulement des termes spéciaux pour des procédés particuliers de labourage, v. les n. explicat. de la carte ; mais au sens général rivalisent des expressions qui paraissent peu anciennes « charruyer », « aller à la charrue », « tourner » ou « retourner ». « Labourer » a subi en outre un accident particulier, l'assimilation qui a souvent transformé *l* initiale en *r* ; les formes avec *l* étant vraisemblablement reprises au français, comme cela ressort de l'indication de 2 c, qui déclare *rĕbŭră* vieilli et préfère *lĕbŭră*, et de la situation de *lŏbŭrĕ* à Remiremont au milieu d'une aire *rŏbŭrĕ* ; mais cette réfection même n'a pas suffi, et l'on recourt déjà en quelques points à *kŭltĭvĕ*. La concurrence des deux types verbaux que nos parlers possèdent au sens de glisser c. 391, l'un d'origine inconnue représenté par les formes *ćŭyĕ*, *ćōyĕ*, *ç* —, *ćwōyĕ*, l'autre < anc. h. all. *slito* dont le représentant principal est *hlœ̆yĕ*, a favorisé l'emprunt du fr. « glisser » plus ou moins adapté et d'autres verbes fr. tels que *trĕnĕ* 11, 15, *lā̆sĕ* 2, *tŏrĕ bĕ* 4, cf. *Les Parlers*, p. 278 ; et du v. « glisser » adapté a été ensuite dérivé un substantif *gĭs*, très usuel au sens de traîneau c. 762. De même *glĭsā̆*, glissant c. 390, tend à se substituer en quelques points aux différents adjectifs dérivés de ces verbes et auxquels s'ajoute encore *bā̆ʒŭ*, d'origine inconnue, sur la famille duquel v. *ibid.*, p. 310, et il est déjà plus usuel pour le témoin 3 a. Gonflée c. 392, en parlant d'une vache, est exprimé par deux types locaux d'origine inconnue, participes féminins des verbes *ćōfyă*,* *ç̄ōfyĕ*, cf. *khófiè* Hingre, et *tără*,

-ĕ, le premier usité dans les aires 1-7, 19-22, le deuxième dans le reste du domaine : cette coexistence a favorisé l'adoption du fr. « gonflée » relevé aux points 8, 16, 17, 19, d'autant plus que « gonfler » est volontiers emprunté avec les acceptions du français dans « une vessie gonflée », « la rivière est gonflée », voir au *Lexique*. La concurrence de deux mots pour dire « les mains » gercées » c. 386, tous deux d'origine inconnue *bwăyĕy* 19-22, *ĕtklăy* 1-8, outre la locution « avoir » *lĕ hĕcăt* du Val-d'Ajol, a certainement aidé à l'éclosion des expressions individuelles citées aux N. E. et au triomphe de « avoir des crevasses » dans l'aire 8-18. Les représentants de « déchirer » ont été considérés dans *Les Parlers*, p. 267, comme des formes anciennes. Il est cependant possible que ce soit un emprunt récent au français, intervenu au milieu de la lutte des divers types locaux qui ont également ce sens. *kărĕsĕ*, *-syĕ* et *flătă*, caresser c. 135, en parlant d'un animal, ont été employés par plusieurs témoins, gênés par l'abondance des termes locaux *euyĕ*, *gŏyĕ* et *găyĕ*, tous deux d'origine inconnue et *fyĕtră*, *-ĕ*, *-ĭ* = a. fr. *flatrer*. *rĕkă* et *răkă* = fr. râcler, *kŭyĕ* et *kăyĕ* = fr. cueillir et les trois formes *mwĕrgŏlă*, *mwă-*, *mwŏrgŏlĕ* du type du mot fr. margoulette, tous pris au sens de ronger un os, ont facilité par leur coexistence l'emprunt de « ronger » et improprement de « rogner », tous deux attestés dans plusieurs localités. En raison de l'obscurité de l'origine des mots *brăkă*, *brĕkă*, *brŏkĕ*, *brŏkă* qui signifient broyer c. 123, il est difficile d'en établir les rapports avec « broyer » ; mais la rivalité de ces deux types a pu favoriser l'emprunt « écraser » qui n'a été employé, il est vrai, que par un seul témoin au sens de broyer le lin, mais auquel, au sens d'écraser une mouche, brasser la bouillie c. 117 et piler le sel c. 579 de nombreux témoins ont eu recours. Ce doit être aussi, en partie, la raison du succès de *pilĕ*, *-ă*, piler le sel, qui a envahi la grande majorité des localités. Brasser la bouillie a été aussi exprimé dans plusieurs points par *tŭyĕ* = fr. touiller, et piler le sel, au point 16, par un dérivé de « craie » *krăyĕ*. L'emprunt de *lăsyĕ* dans l'aire 20-22 au sens de jeter des pierres c. 419 et celui de « pousser », fréquent avec un *b* initial d'origine obscure, v. p. 44, au sens de croître c. 235 s'expliquent suffisamment par le prestige du français ; mais la coexistence des différents mots qui se sont développés au sens de jeter des pierres, v. *Les Parlers*, p. 284, et la concurrence qu' « amender » fait à « croître » ont certainement contribué aux récents emprunts. La rivalité des mots

locaux qui signifient appuyé c. 37, l'un du type « accoté », modifié dans l'aire 1-8 par « contre », l'autre *ĕbœ̆rĕ*, cf. *Les Parlers*, p. 246, ont provoqué l'emprunt d' « appuyé » attesté par plusieurs témoins de l'aire 6-15.

Les termes désignant les dispositions morales sont de ceux que le langage aime à renouveler, et il est naturel qu'en ce cas les patois recourent au français : telle me semble être la cause principale des nombreux emprunts dont il a été question à propos d'adjectifs, p. 78. Il en est de même des termes qui s'appliquent aux particularités physiques, cf. ceux qui qualifient la surdité, p. 63. Il faut aussi signaler les deux cas de bégayer c. 92 et de loucher c. 460. A côté de divers types locaux, en partie d'origine obscure, sur bégayer v. *Les Parlers*, p. 253, les mots français ont pénétré dans la majorité des localités. On peut enfin interpréter ainsi les emprunts que nos parlers font également volontiers au français pour les verbes désignant les cris des animaux, cf. ce que nous avons dit dans *Les Parlers*, pp. 255 et 288, concernant beugler c. 98 et miauler c. 497. Aboyer c. 5 même ne présente plus comme mots locaux que *hŏvĕ* de 15 et *bŭpă* de 12 ; ailleurs c'est le mot français qui l'a emporté sous les formes *ĕbwĕyĕ* et *-ăyĕ* et que 15 emploie également. L'emprunt du fr. « printemps », à côté de la variété des termes locaux, v. la carte 616, peut être dû aussi, en partie, au désir de renouveler le nom de cette saison ; v. aussi plus loin p. 107.

Comme il est naturel en matière de lexique, nous avons affaire à des tendances qui se révèlent très diverses suivant les mots considérés. Il n'est donc pas surprenant que, même dans le cas où deux mots locaux sont en rivalité, nos parlers ne fassent pas toujours appel au français. Étant donné la vigoureuse pression que celui-ci exerce actuellement, les exemples ne sont pas très nombreux ; mais, parmi les cas cités dans les pages précédentes, il y en a plusieurs où la pénétration du français se réduit à quelques faits individuels plus ou moins suscités par notre mode d'enquête, et, en tous cas, un bel exemple de solide résistance au français est fourni par regarder cc. 640-1 qui garde ses deux types « épier » et « reguetter », sur lesquels v. *Les Parlers*, p. 302, et n'adopte nulle part le verbe français ; du reste dans l'aire voisine 23-25 de la Haute-Saône le recul devant « regarder » s'accomplit. De même hanneton c. 405 et bergeronnette c. 97, malgré la diversité des types locaux, ne présentent, le premier, qu'une forme adaptée *jănĭtŏ* au point 20, le second que *bĕrjèrŏnĕt* au point 2. Naturellement le français peut être inapte ou peu apte à fournir un terme, quand il s'agit d'usages locaux, comme par ex. le grenier qui se trouve au-dessus de la grange, c. 399 : bien que ce grenier soit désigné par trois termes en concurrence, v. aussi *Les Parlers*, p. 279, le français est incapable d'intervenir d'une façon satisfaisante ; *gèrnĕy* de 11 a et *gèrnĕ* de 17 a sont de purs accidents ; car Remiremont est, comme on sait, dénué de toute norme et 17 a est un témoin suspect pour le mot en question, car c'est une vieille femme qui avait quitté Vagney et la culture depuis une trentaine d'années et vivait à Remiremont même. Dans un mot tel que battoir à linge c. 86, le rôle du français ne peut être aussi que très restreint, car le battoir est un objet réservé aux femmes et nullement indispensable, si bien que ni un mot français ni les mots patois ne s'imposent. En face de la grande liberté laissée ainsi aux patois, c'est le français local qui est ici le plus apte à intervenir, comme le révèlent les formes à demi françaises *tăpœr* de 2, 5, 7 et *pàlŏt* de la vallée de la Haute-Moselle, cf. *Les Parlers*, p. 252. De même, en demandant bouillie c. 109, j'ai obtenu, outre *bœ̆lī* et *pĕpĕ* qui ont bien ce sens, v. p. 75, d'autres mots qui désignent exactement des préparations de cuisine équivalant d'une façon approximative au fr. purée : *frŏl* 2, *pătăpŏ* 1, 21 et surtout *găzŏ* qui a été donné aussi en réponse à « purée », outre des expressions individuelles : là non plus, le français n'offrait aucun terme exclusif, et *găzŏ* est une création du français local. Si mèche est très apte à être emprunté au sens de mèche de cheveux, comme on l'a montré p. 82 ou au sens de mèche de lampe, v. plus loin 107, et à plus forte raison au sens de mèche de vilebrequin, il ne l'a été nulle part pour la mèche du bonnet, car, sauf dans l'expression plaisante casque à mèche, il est peu usuel en français, et les parlers gardent ainsi toute leur liberté pour désigner un objet auquel ils n'éprouvaient pas le besoin d'attribuer un seul terme : le mot, demandé à quelques témoins seulement, a été exprimé par *krăt* 12, 16, *bĭskĕ* 19, 21, 22, *bĭçtăkŏ* 19, *ĕiklĕ* 2, *ĕiklŏt* 5, *kĭk*-8, *kĭkrŏt* 14, *kĭklăt* 17, cf. aussi *Les Parlers*, p. 261.

C. — RENOUVELLEMENT DES TECHNIQUES

Le renouvellement des techniques qui s'est considérablement précipité au cours du XIXe siècle a dû jouer un rôle important dans les emprunts que nos parlers ont faits au français. A beaucoup d'égards la civilisation était rudimentaire dans notre région, à une époque proche de la nôtre. Plusieurs témoins âgés ont donné sur diverses pratiques anciennes qu'ils ont connues dans leur enfance, des indications curieuses qu'on trouvera dans les pages qui vont suivre. Or notre région est très accueillante aux nouveautés ; les illettrés y sont rares et méprisés ; et j'ai moi-même noté que dans toutes les fermes où je suis allé pour faire mon enquête, il y avait plumes et encre. Si l'agriculture, en raison de la pauvreté du sol et de la dureté du climat, est peu développée et par conséquent adopte peu les machines nouvelles (à La Bresse, la terre arable est si maigre qu'on ne la travaille pas à la charrue, cf. charrue c. 165 N. E.), l'industrie y a pris une place considérable et a modifié profondément la vie du paysan. Dans de telles conditions, il a grandi intellectuellement et socialement et il s'est détaché des pratiques anciennes : dans aucune maison on ne fabrique plus le pain, on ne file plus, on ne cultive plus et on ne tisse plus ni le lin, ni le chanvre ; le commerce fournit tout. Les maisons sont couvertes de tuiles, parfois d'ardoise ; on n'en voit presque plus qui le soient de chaume. Si l'on veut mesurer le progrès matériel, on notera que le témoin 2 c qui se rappelle avoir vu dans son enfance l'éclairage au moyen de simples bouts de bois tenus par un pied à pince et appelés *lmèr*, cf. lampe c. 440 N. E., a fait établir pour son fils, dans sa ferme située au pied du Ballon d'Alsace, l'éclairage à l'acétylène, et que le mari du témoin 14 a a utilisé une petite chute d'eau pour faire marcher à l'électricité une machine à battre et éclairer sa maison. Un tel développement des techniques nouvelles doit amener un grand nombre d'emprunts et le recul des termes anciens. Bien entendu l'emprunt d'un objet n'entraîne pas nécessairement celui du mot ; les parlers ne sont pas inertes, et surtout ils ne l'étaient pas autrefois. On a vu plus haut p. 69 qu'ils ont cherché d'eux-mêmes un terme pour désigner la pomme de terre. Le haricot n'est nulle part désigné par le terme français, tous nos parlers ont utilisé le mot « fève, » avec des procédés de distinction variés que nous avons examinés dans *Les Parlers*, p. 274. Mais il s'agit, en somme, de faits exceptionnels : « fève » a pu d'autant plus facilement s'appliquer au haricot et se maintenir avec ce sens nouveau que la culture de la fève est en pleine déchéance.

Si le mot fr. courroie est emprunté sous les formes *kürwè*, *-ă*, *kǒrwẽ* (souvent en devenant masculin sans doute à cause de la terminaison), c'est pour désigner une courroie d'usine ; et les formes anciennes *kǒrǒy*, *kūrǒy* et par substitution de suffixe *-ūy*, au point 13 par un traitement obscur *ẽkūrū* (m.), sont souvent déclarées vieillies et employées au sens spécial de ceinture du faucheur. Un témoin 19 a a dit cependant que *kūrǒy* désigne une ceinture quelconque, et 10 c et 17 f l'ont employé aussi au sens de courroie d'usine ; par contre 13 a a indiqué *kūrwẽ* et 12 a *kūrwā* pour la ceinture du faucheur : c'est ce flottement qui explique l'adoption par quelques témoins de *sẽtur*. Hingre donne pour *courōe* une indication qui confirme celle de la majorité des témoins : « Courroie, et surtout ceinturon ; se dit spécialement du ceinturon auquel le faucheur suspend l'étui en bois où il tient trempée sa pierre à aiguiser. » Si *tǒbrǒ*, tombereau c. 755, a pénétré dans l'aire 9-18 et tend à se substituer à *tǣmrẽ*, *tū-* qui sont solides dans les deux vallées, c'est certainement tout d'abord pour désigner une nouvelle sorte de tombereau, comme l'a indiqué le témoin 9 : « *tǒbrǒ* désigne le gros t. d'usine, *tǣmrẽ* le t. fait d'une caisse, posé sur deux roues », et c'est ce que voulait dire 11 b en ajoutant : « *tǣmrẽ* est un mot usité dans la montagne. » Charrue c. 165 est certainement un mot adapté qui a pénétré avec de nouveaux types de charrue ; plusieurs témoins ont encore signalé des mots locaux désignant de vieux types de charrue : *hẽrtẽ* 13 a, *hẽ-* 14 a pour la charrue en bois, en usage autrefois, *hẽrtẽ* 5 b, c, pour la charrue à un seul versoir, appelée *brūǒẽ* par 11 a, 13 a, 14 a, encore en usage suivant ces trois témoins. Si brouette c. 121, différemment adapté, refoule « civière », c'est que la brouette est récente : « civière » subsiste encore dans les localités 1, 2, 12, 19-22 ; et pour certains témoins c'est seulement une civière, tandis que pour d'autres le mot désigne aussi la brouette, cf. aussi Hingre : « *cevère*, brouette, civière. » Nos parlers ont donc essayé d'adapter un mot ancien à un objet nouveau ; mais il ne suffisait pas, c'est pourquoi 2 c, 21 e ont dit *s(e)vẽr rūlāt*, 12 c *zvẽr rūlǣz*. Toutefois ces expressions n'ont pas eu de succès, et la plupart de nos parlers ont préféré adapter le mot français. Si *dal* a eu le grand succès qu'atteste la carte 554 paroi, c'est, ainsi que plusieurs témoins l'ont indiqué, pour désigner une paroi de construction plus moderne que celles qui sont désignées par « paroi » et les autres mots locaux. *plǒt* et *plǒtǒ*, pelote de fil, qui sont en train de se substituer au mot local *lūẽẽ* 1-7,

-ȩ- 12, *lŏεẹ̄* 8', *-ȩ-* 9, 10, 16-22< **globuscellum ML. EW.* 3794, désignent certainement la pelote de fil achetée dans les magasins : si la plupart des témoins n'ont pas précisé le sens des mots, on peut l'inférer pour l'ensemble du domaine des indications de 5 d « *lŭεẹ̄*, pelote faite au dévidoir », 10 a « *lŭçẹ̄*, pelote de fil faite à la maison » ; Hingre est moins net, mais semble avoir voulu dire la même chose : « *lókhē* : lisseau (*sic*), écheveau. » Si *rŏbīnẹ̄*, robinet c. 662, attaque et refoule « clenche » dans l'aire 1-15, c'est vraisemblablement en désignant une sorte de robinet plus moderne, comme l'a dit formellement 15 a : « *rŏbĭnẹ̄* désigne le r. en cuivre, *tyŏε* le r. en bois. » De même la pénétration de *lŏkẹ̄* va de pair avec l'introduction du mode de fermeture au moyen du loquet ; la majorité des parlers s'est contentée d'étendre le sens de « clenche », mais dans l'aire 7-13 on préfère déjà *lŏkẹ̄*. Traîneau c. 762 qui, sous les formes *trẹ́nŏ*, *trẹ̄nŏ* et exceptionnellement au point 11 *trẹ̄nẹ́*, a été indiqué dans presque toutes les localités en concurrence avec *εlīt* et *gīs*, n'en est pas l'équivalent : il désigne, d'après l'indication de plusieurs témoins, spécialement le traîneau chasse-neige et, d'après 2 c, le traîneau attelé pour conduire les personnes, tandis que *εlīt* et *gīs* sont des traîneaux, le plus souvent à bras et ordinairement destinés à porter du bois, cf. aussi *Les Parlsrs*, p. 278. Dans bien des emprunts signalés précédemment, une part revient sans doute au perfectionnement des techniques, sans que nous ayons recueilli des renseignements sur ce point, cf. notamment le cas des mots signifiant escalier, manivelle, tarière, pp. 71 et 72, etc. Le passe-partout, appelé soit comme en français aux points 1, 2, 19, 22 soit *pàs* au point 5 soit *pẹ̀s* au point 9, scie c. 692, cf. aussi *passe-partou* Hingre, est une grande scie de construction moderne, et qui tend à supplanter la « grande scie » construite avec des montants de bois, comme l'a indiqué 21 a : « la *grãt sẹ̀y* est une ancienne scie, aujourd'hui on emploie le *păs pārtŭ* ». D'après les explications des témoins, le *sĭtŏ* de 12 et 14 désigne également le passe-partout, et c'est ce que Haillant dit aussi : « *siton*, grande scie sans autre monture que deux manches ». C'est sans doute un dérivé de scie créé par le fr. populaire, avant l'adoption du mot fr. passe-partout. Le « haut-fer », *hŏ fyẹ̄* 5, *hŏ fẹ̄r* 14 et sans doute aussi *fyẹ̄* de 1, 2, est une scie particulière qui sert à scier verticalement ; cette indication de 14 a est confirmée par Hingre : « *hau-fiê*, grande scie qui se meut verticalement dans le sciage de

long » ; tandis que Haillant est imprécis : « haut-fer, grande scie de sagard ». La pénétration de *kwẽ* dans la région de Remiremont et du *kwẽ* dans la vallée de la Moselotte, qui refoule le dérivé *kẹŋǒ*, *-ǎ*, provient probablement, (en partie du moins, car on verra plus loin qu'une autre cause a dû agir), de l'introduction de quelque nouvelle sorte de coin de fer : le dérivé peut suffire à tout, comme le montrent la carte 197 et les réponses à coin de fer ; *kẽnǒ t fyẽ* 5 a, 8 a, *kẹŋǒ* 11 b ; mais « coin » pénètre partout, et dans la vallée de la Haute-Moselle où *kẽnǒ* est prépondérant 3 a dit *kwẽ* qui sert même à désigner le vieux coin de bois : *kwẽ d̨ bǒ* 21 a, *kwẽ ã bǒ* 11 a. On a déjà traité p. 81 de l'invasion de « crible » et « cribler » qui, en effet, ne semble pas être due à quelque innovation technique. A quoi faut-il attribuer l'introduction de *tàmi* ou *ẽtǎmĭ* autour de Remiremont et du verbe correspondant *tǎmĭẓẽ* ou *ẽt-* ? Le *Dictionnaire Général* considère crible, sas et tamis comme des synonymes ; mais il y a sans doute entre ces mots des différences techniques que j'ignore. En tout cas l'adoption de *tyẽ* dans de nombreux parlers de l'aire 1-17 et de *klẽ* même au point 5, au sens de claie pour passer le sable, que beaucoup de témoins ont au reste désignée, sans qu'on doive s'en étonner, puisqu'une claie est une espèce de crible, par les différents mots signifiant crible et tamis : *krĭbl*, *tǎmĭ*, *rẽe*, *sǎsǒ* et *-ǎ*, procède probablement d'un emprunt d'objet, et la forme *tyǒy* de 12 b, 13 a semble n'être qu'une adaptation plus complète ; 17 g a en effet spécifié que *tyẽ* désigne une claie qu'on emploie dans les carrières, et au contraire 8' a, 21 a ont dit de *sǎsǒ*, *-ǎ* que c'est un grillage placé à l'entrée des tuyaux de fontaine pour arrêter les saletés. En même temps que disparaissaient les anciens modes d'éclairage, le mot lampe c. 440, plus ou moins adapté, se substitue aux anciens mote *lmẽr*, *ẽlmǎt* et autres qui les désignaient et qui ne vivent plus que dans la mémoire des personnes âgées.

Parmi les termes qui désignent les ustensiles de ménage constituant la vaisselle, il n'est pas douteux que les nombreux emprunts faits au français vont de pair avec des emprunts d'objets. Dans *Les Parlers*, p. 257, à propos de ces termes, nous observions que « cette pauvreté du vocabulaire provient sans doute d'une pauvreté de la vie sociale ». Il me paraît intéressant de signaler à cet égard des usages constatés, il y a environ une quarantaine d'années, par mon père ; il se rappelait avoir vu alors fréquemment toute une tablée, sans aucune assiette, manger à même le plat et aussi, au moins dans une ferme, une table percée de trous fermés en bas par des vis de bois et dans lesquels on mettait la nourriture. Dans des milieux sociaux si rudimentaires, les ustensiles devaient être peu nombreux et ceux qui existaient ont dû être remplacés par d'autres de fabrication moderne. Nous avons vu plus haut, p. 38, que cuiller est un mot visiblement adapté dans toute l'aire 1-8′, 19, 22, ce qui laisse supposer que *kǣyẹ̄* des autres points l'est également, et que fourchette, adapté dans la vallée de la Moselotte, ne l'est pas dans le reste du domaine, p. 34 ; assiette se dit partout *ĕsyĕt* sauf *ĕçyĕt* de 12 b, v. p. 31, et *ĕçǣt* de 20 a, b et 22 b; plat est adapté en *pyẹ̄*, sauf au Val-d'Ajol qui se dit régulièrement *pyă*, un seul témoin 14 a a employé la forme française *plă* ; *pŏĕ* 7-8, 19-22, *-ẹ* 8'-18, louche, est également l'adaptation du fr. poche. Le mot local *kĕsŏt*, *-ăt*, dérivé du fr. *casse* et par conséquent probablement emprunté lui-même, a été indiqué par un nombre variable de témoins en réponse à casserole, écuelle, jatte, poêle, soupière ; ce fait provient sans doute, pour une part, de ce que les témoins connaissaient mal la valeur exacte des mots français ; mais il est vraisemblable aussi que l'ustensile désigné par ce mot a suffi et suffit encore dans certains milieux aux besoins auxquels répondent les différents objets désignés par les mots français. Aussi, et bien que nos parlers possèdent un certain nombre de mots désignant des variétés locales de ces ustensiles, cf. *Les Parlers*, *loc. cit.*, les voyons-nous emprunter abondamment les mots français casserole, écuelle, gamelle, marmite, soupière, terrine, tourtière, en les adaptant plus ou moins. *tĕrĭn* n'a été employé qu'au Val-d'Ajol pour écuelle c. 278 et a, par conséquent, peu de vitalité ; mais tous les autres emprunts sont très répandus. *kăsrŏl*, *kĕ-*, casserole c. 137, est usité à peu près partout ; marmite c. 480, diversement adapté, l'est moins, parce qu'il rencontre *pŏ*. Ecuelle c. 278, qui est également un mot adapté, est en concurrence avec un emprunt probablement plus récent *gămĕl* qui signifie aussi soupière c. 722, ce dernier désigné aussi par *sŭpyér*. Quant à tourtière, sous les formes *tŭrtyẹ̄r*, *tŏ-*, il a été employé en quelques points au sens de grosse casserole ou marmite (il y a quelques hésitations dans les indications des témoins). Parmi ces emprunts il en est un qui est d'ordre purement linguistique : c'est *gămĕl* qui vient du fr. populaire et ne représente pas un ustensile nouveau. La salière de table c. 679

est partout désignée par le fr. salière, diversement adapté, la salière de cuisine, qui est plus ancienne, l'étant par un dérivé masculin en -ier de « sel ». *gâlèt* en quelques points et *gâtô* dans l'aire 1-8', gâteau c. 376, peut-être aussi *wètè* de 19, cf. p. 32, ont été introduits avec des gâteaux achetés ; dans la région de Remiremont les mots locaux désignant les gâteaux faits à la maison disparaissent et on y dit même « gâteau de ménage » ; quant à *tât* usité partout, c'est un emprunt récent pour désigner la tarte, vu que *tôt* signifie dans de nombreuses localités tartine, et que « tourteau » désigne des « gâteaux de ménage ». La saucisse faite à la maison se dit partout « andouille », *ãdèy* sauf *-èy* 12 ; seul 11 a a dit *sôsis dè mènès* ; mais la saucisse et le saucisson de boucherie sont appelés partout *sôsis* ou *-isõ* et exceptionnellement *sèrvèlã* par 8' a.

La modernisation du costume a causé le recul de nombreux mots locaux. L'ancienne blouse longue se disait *blôd*, une blouse courte usitée aujourd'hui se dit *blûz* ou *-s* ; on a même créé un dérivé local *blûzõ* 7 a. *rôb*, robe, a été récemment emprunté, évidemment par suite d'une modification du costume ; cependant quelques témoins disent *kôt* que 2 b qualifie de vieux patois. Ç'a été le seul mot indiqué au sens de jupe, et c'est encore le plus usité au sens de jupon ; toutefois *jûpõ*, jupon, c. 429, a été emprunté, notamment dans l'aire 1-11. D'autre part un terme local *kôt dè dzõ* a été créé et je l'ai relevé aux points 8, 9, 11. Plus curieux est l'emploi de *rôb*, au sens de jupon, aux points 7, 8, 8' et 22, d'où *rôb dè dzõ* dans l'aire 1-6 : cette diminution de sens provient sans doute de la dualité de sens que l'ancien mot *kôt* a pris, probablement sous le contre-coup de l'emprunt de *rôb* qui a dû être, chez beaucoup de témoins, purement verbal. *kwô* servait à désigner le corset ; mais deux témoins 1 c, 18 déclarent le mot vieilli et Hingre dit de même : « se dit peu, et encore dans les sections qui avoisinent Cornimont, où il est le terme ordinaire » ; aussi plusieurs témoins disent déjà *kôrsè*. *kwô* a aussi désigné une espèce de gilet ; 20 a l'a indiqué avec ce sens, et c'est ce sens qui explique l'emploi de *kôrsè* par 2 a, c (lequel ajoute que c'est vieilli) et 21 a au sens de gilet, mais le mot français est aujourd'hui prépondérant. Le recul de *kôk* qui ne subsiste que dans l'aire 19-22 au sens de poche c. 589 doit s'expliquer aussi par la modernisation du costume ; c'est ainsi que 2 c a indiqué que les femmes portaient autrefois une ceinture suspendant deux poches appelées *môl*, cf. *maule*, besace, dans Hingre. Nous avons vu plus haut, p. 88, que *sĕtur* se substitue à la forme locale de « courroie » au sens de ceinture de faucheur, pour une raison autre qu'un changement peu probable et en tout cas peu notable dans la forme ou la matière de cette ceinture ; par contre si, pour la ceinture de femme, *sĕtur* chasse le mot local *lur*, mot vieilli et aujourd'hui peu connu (Hingre même ne le donne pas), c'est sans doute par suite d'une modification de cette partie du costume. Le fait est nettement établi pour les termes désignant les cordons de soulier : tandis que le cordon qu'on achète se dit « lacet » ou au féminin « lacette », *kudŏ* 17 b, *kudyŏ* 11 a et *trŏs* 7 c étant des réponses individuelles, le cordon en cuir, d'usage ancien, est appelé par la majorité des témoins interrogés *kŭryŏt*, *-ăt*, dérivé de « courroie », et c'est ce féminin même qui explique « lacette » ; *lĕsŏt* de 1 c, 6 b est le résultat d'une confusion, et *lĕsŏ ă kæ̆* de 4 a est dû à l'oubli du mot propre, comme *lăyĕr* de 8 c. On utilisait autrefois, pour emmailloter les enfants, un maillot qui les enveloppait jusqu'au cou et qui était désigné par un dérivé féminin du type *fascem fĕeŏt*, *-ĕŏt*, *-àt*, *-ĕăt* ; plusieurs témoins ont ajouté que c'est un usage disparu (Hingre ne connaît plus ce sens), et qu'on emploie aujourd'hui des bandes appelées *bŏd* 5, 7, 8', *băd* 12 ; aussi maillot est-il également adopté *măyŏ* 17 a, *-dĕ* 8' a, 12 a. Nous avons déjà traité de « chausse » et « chaussette » au sens de bas et des réactions de culotte et pantalon dans *Les Parlers*, p. 237. C'était un usage courant, autrefois, et il est encore répandu, de couvrir le lit d'un seul et grand édredon qui constituait la seule couverture : on l'appelait « lit », « lit de plumes » ou « les plumes » ; en même temps que s'est introduit l'usage de l'édredon, les termes locaux ont cédé le pas à un terme nouveau *dŭvĕ*, cf. p. 50. Le développement sémantique de ce mot tient sans doute à la matière de meilleure qualité dont sont faits les édredons ; un autre terme de fr. populaire *plŭmŏ* est attesté en quelques points, mais il est moins usité que *dŭvĕ*.

D. — INSUFFISANCE PHONÉTIQUE

La réduction excessive que les lois mécaniques de la phonétique ont imposée à certains mots est une cause de renouvellement lexical, dont M. Gilliéron a montré toute l'importance. Comme, dans le présent travail, nous envisageons seulement les emprunts que l'état actuel de nos parlers permet de reconnaître, on ne doit pas être surpris que nous ayons réuni peu d'exemples où l'emprunt soit attribuable à cette cause ; car il n'est qu'un des moyens auxquels recourent les parlers dans le cas d'insuffisance phonétique, et en outre bien des faits de ce genre ont dû se produire, qui ne se démontrent que par une étude aux bases plus larges que la nôtre.

Cependant nos parlers présentent dans le nom du mois d'août au moins un exemple frappant et du reste connu d'emprunt provoqué par l'appauvrissement phonétique d'un mot. La forme locale est *ǒ*, encore survivante dans l'aire 1-9, aux points 13 et 21, août c. 34, et Hingre signale pour La Bresse *ǒ* en concurrence avec *oste* ; mais cette forme est si manifestement insuffisante qu'on la renforce, comme le fait le fr. lui-même, avec *mwẽ*. Le témoin 7 a indiqué qu'*ǒ* est vieilli et que *mwẽ d ǒ* est le vrai patois, employé, a-t-il ajouté, « dans les hauts ». C'est la raison pour laquelle la majorité de nos patois a eu recours au fr. *ăŭ* (dont la prononciation a, comme on sait, la même origine) avec ou sans *mwẽ* et plus rarement à *mwẽ d ŭ* ; si *ŭ* a été indiqué seul autour de Remiremont, c'est parce que les témoins, connaissant et employant *mwẽ d ŭ*, se sont laissés guider par la question posée, la série des noms de mois ayant été demandée telle quelle ; mais dans des phrases tous les témoins interrogés ont répondu *mwẽ d ǒ*, *-d ăŭ* ou *d ŭ*. L'emprunt d'*ǒst* qu'ont fait les parlers de l'aire 18-22 à ceux de la région septentrionale, cf. *Les Parlers*, p. 147, a certainement la même cause.

Certains mots, sans être aussi atteints qu'*ǒ* qui est réduit à une simple voyelle, ont pu souffrir de la comparaison de leur état avec celui du mot français correspondant. On peut penser que le traitement qui a réduit, comme on l'a vu p. 58, « voisin » à un état tel que *v(e)hĩ* de 20, 22 a favorisé l'emprunt de *wẽzĩ*. La substitution de « quelque chose », de « seulement » et de « peut-être » à *ăk*, *măk*, *stǒ*, cf. pp. 52 et 54, si elle s'explique par la supériorité expressive des mots français, a pu être aidée aussi par leur supériorité phonétique, et on pourrait trouver d'autres exemples analogues.

E. — COLLISIONS HOMONYMIQUES ET PLÉTHORE SÉMANTIQUE

Dans ses importants travaux M. Gilliéron a montré d'une façon toute nouvelle le rôle considérable que ces deux faits ont joué dans le renouvellement des parlers gallo-romans. Plus souvent qu'on ne s'en était rendu compte avant les démonstrations de M. Gilliéron, les parlers cherchent à se soustraire aux confusions de sens qui résultent soit de confusions homonymiques soit de pléthore sémantique. Le français offre plus que jamais un secours aux parlers dans l'embarras ; et dans le domaine restreint que nous avons étudié et en n'envisageant que les emprunts faits au français et, parmi eux, ceux-là seuls qui ressortent de l'état actuel de nos parlers, nous avons relevé un nombre appréciable de cas où la cause de l'emprunt est précisément le besoin de dégager le lexique d'un trouble qu'une collision homonymique ou la surcharge sémantique d'un mot avaient fait naître. Ce remède, les patois ont pu naturellement, à l'occasion, le trouver ailleurs, et M. Gilliéron a eu raison d'admettre *Généalogie*... p. 273 sq., que, si nos parlers vosgiens ont emprunté l'alémanique *sägeⁿ*, c'est moins en raison de l'influence qu'aurait exercée le langage des scieurs d'origine alémanique, que pour supprimer la concurrence des deux sens scier et faucher pris par le verbe « scier ».

On a vu p. 10 que l'emprunt de *ẑǒ*, *ẑǒl* = fr. eux, elles, par l'intermédiaire des parlers voisins, dans l'aire 11, 13-15, est dû au désir d'éviter une confusion résultant du double sens, lui et eux, elles, pris par la forme *lu*.

L'emprunt de l'adj. « fou » est particulièrement remarquable en raison de l'accord unanime de nos parlers. Tous emploient au masc. *fǒ* et autour de Remiremont et à La Bresse *fu* (où il est en lutte avec *fǒ*, cf. Hingre : « *foû*. La forme *fō*, usitée quelquefois, est un emprunt fait au *cwònehè* [parler de Cornimont] ») ; au féminin tous disent uniquement *sǒt*. Haillant note le même fait pour Uriménil : « *fou*, adj. usité au masc. seulement. Pour le féminin on emploie *sotte* (à son tour, ce dernier n'est guère utilisé qu'au féminin). » On n'aperçoit aucune cause qui puisse expliquer la disparition du féminin « folle » ; au contraire le masculin *so* concordait phonétiquement, sauf une différence de quantité visiblement négligeable, avec *sŏ*, ivre ; et cette identité phonétique amenait une confusion sémantique gênante et à laquelle nos parlers ont porté remède en empruntant le fr. fou.

L'identité formelle de « chair » et de « char », cf. viande c. 789 et voiture c. 803 dans tous les points où ils coexistent encore explique certainement en grande partie (la différence des genres est perçue après l'article, mais elle disparaît après les adjectifs possessifs du pluriel) le recul que ces deux mots subissent, recul tel qu'actuellement « viande » et « voiture » sont connus et usités dans toutes les localités.

L'emploi du même mot, dérivé du latin *gryllus* avec le suffixe *-et* pour désigner le grillon c. 401 et le grelot c. 398 a provoqué l'emprunt de « grillon » en quelques points : *grĭyŏ* 1, 3, 12, *grĕyŏ* 2 et, avec croisement, *grĕyŏ* 12, et surtout de « grelot » : *grèlŏ* 7, 15 et *gèrlŏ* qui, dans l'aire 17-22, a complètement supplanté *gèryă*, tandis que, dans les autres points, les formes empruntées de « grillon, grelot » sont encore en lutte avec les formes anciennes.

A la suite de l'emprunt de *dyœ̆*, Dieu, v. p. 77, *dyœ̆* = a. fr. *duel*, deuil c. 246, devenait homophone, et c'est pour échapper à cette collision que le fr. *dœ̆y* a été emprunté dans la plupart des points de l'aire 1-11.

Si « bouc de foin » a été créé pour éviter la trop grande ressemblance de *sŏtrè*, sauterelle, et de *sŏtrę̀*, esprit follet, cauchemar, cf. *Les Parlers*, p. 306, c'est la même raison qui a favorisé l'emprunt du fr. « sautetelle », *sŏtrel* qui est devenu prépondérant dans toute l'aire 7-17.

M. Gilliéron a signalé dans une note pp. 104 et 105, *op. laud.*, qu'une collision s'est produite dans les parlers vosgiens entre *fĭ*, fil et *fi*, verrue. Nos patois s'y sont soustraits en éliminant à peu près les deux mots : *fĭ* = fr. arch. *fi* < *fic* n'est plus attesté qu'en quelques points 1, 12, cf. aussi *fi*, *fic*, chancre, Hingre, et partout, sauf au point 12, où un seul témoin a été interrogé sur ce mot, on m'a répondu *vru(y)*, adaptation du mot fr. Quant à *fĭ*, fil, il recule de même devant un mot nouveau, tiré du part. passé du v. « filer » : seuls les points 11, 13, 14 l'ont indiqué isolément et encore 11 et 14 ont-ils également employé « filé » ; ailleurs *fĭ* ne subsiste plus que dans des expressions composées, cf. fil c. 345 et *Les Parlers*, p. 275.

La collision de « mouchet », épervier c. 306, encore usité dans l'aire 10, 17-22 sous la forme *müçă* et de « mouchet », issu d'une ancienne forme *moisset*, moineau, qui a dû exister dans nos parlers et qui est encore attesté dans un certain nombre de parlers lorrains, cf. Gilliéron, *op. laud.*, p. 294 sq., et Adam, p. 347, a fait disparaître complètement le deuxième mot, partout remplacé par le fr. *mwènô*, exceptionnellement *pyèrô* 8'b; et sans doute faut-il voir aussi dans cette collision une des causes qui ont fait reculer de son côté « mouchet », épervier, et donné naissance par suite aux nouvelles appellations examinées dans *Les Parlers*, p. 273, notamment au terme dérivé de « chasseur », le « chasseret ».

On a signalé p. 76 que le fr. « jante » refoule dans l'aire 1-8' le type local représenté encore par *jãbè*, *j-* des autres localités, issu d'une forme disparue représentant *cambita*. Si l'on tient compte des formes gallo-romanes relevées par *ML. EW.* 1542 et spécialement du lorrain *čãbre*, il en résulte qu'il s'est produit dans notre région un croisement du représentant de *cambita* avec « jambe », et c'est précisément ce croisement malheureux qui a, à la fois, causé le dérivé *jãbè*, *j-* et l'emprunt de « jante ».

arête c. 41 est devenu, sous les formes *ärèt* et *èrèt*, le mot prépondérant et a supplanté le mot local *āy* qui ne résiste que dans les points 5, 20-22 ; en effet ce mot issu d'**ascla* avait l'inconvénient de signifier aussi écharde, comme l'ont indiqué plusieurs témoins de 19-22, et nos parlers, après avoir tenté de se tirer d'embarras en créant des dérivés tels que *āyǒt* 6, 7, *āyiy* 7, 8 (*ākyăt* de 19 a un *k* d'origine obscure) ont préféré recourir au français. *ô* du point 12 révèle un trouble plus grave, une véritable confusion d'*āy* avec le mot signifiant « ail », confusion causée par l'adoption du fr. *äy*, indiqué par 11 a, c, 20 b, à côté de la forme plus usuelle *ô* ; et naturellement cette confusion motivait davantage encore l'emprunt du mot français. Quant à *ärè* (m.) de 1 a, confirmé par le village franc-comtois 25, c'est une réfection d' « arête », d'après le v. « arrêter », dont « arête » a pu être interprété comme un substantif verbal.

Le sens spécial qu'avait pris *lmèr* pour désigner un ancien mode d'éclairage, lampe c. 440, a invité nos parlers à reprendre *lümyèr* au sens abstrait ; seuls 11 a et 13 a ont employé en ce cas *lmèr*. C'est pour la même raison que différents témoins ont eu recours à différents équivalents, cf. lumière *Lex.* et ce que dit Hingre : « *lemère*, lumière, ne se prend que dans des cas particuliers ; au sens général, on dit jo- jour. »

rẽt, qui est le terme régional de la souris, a pris également le sens de rat c. 638 dans l'aire 1-16, bien que le mot local, encore solide dans la vallée de la Moselotte, soit *la* = fr. loir. L'indication de Hingre : « *la*. gros rat », donne à penser qu'à La Bresse aussi *rẽt* peut signifier rat. C'est pourquoi, pour échapper à l'excès de sens qui charge *rẽt*, nous voyons nos parlers emprunter à la fois *rã* et *sũrĩ* dans l'aire 1-15 où cette confusion est actuellement dominante.

Il est remarquable qu'*ẽtẽl*, étoile c. 319, n'apparaisse que dans l'aire 1-16 où la chute de la voyelle initiale *ẽ* pouvait amener une confusion formelle avec *tẽl*, toile : *tẽl*, étoile, encore attesté aux points 6-8', montre qu'*ẽtẽl* est refait sur le français. A Remiremont, où toile se dit à la fois *tẽl* et *tǒl*, on a cependant emprunté une forme plus française *ẽtwẽl*.

L'aube c. 55 se dit *ãr* « du jour » dans l'aire 4-16 et Hingre donne également *are-di-jǒ*, aurore, aube, cf. aussi *l ãr do jo* Haillant. Mais ce mot est en recul devant « point du jour » et « pointe du jour », sans doute à cause de l'excès sémantique du mot *ãr*, air, vent, excès auquel nos parlers ont visiblement essayé de se soustraire en ajoutant « du jour » ; de là aussi l'emploi de diverses expressions « il commence à faire jour », etc., citées aux notes de la carte et les emprunts au fr. « aube », « aurore ».

L'emploi de « gaïm » au sens de regain et d'automne, cf. *Les Parlers*, p. 248, qui est encore attesté aux points 16-18, a paru gênante ; aussi l'aire 12-16, tout en conservant « gaïm » au sens d'automne, a créé le type « regain », sans doute sur le modèle du français. Peut-être est-ce aussi pour échapper à cette collision que not parlers ont adopté des désignations nouvelles telles que « saint-Martin », *tã tǒ*, pour l'automne.

On a vu plus haut, pp. 61 et 92, que *kwǒ* a à peu près complètement disparu au sens de corps et recule beaucoup au sens de corset, gilet. Si ce dernier recul est vraisemblablement dû à des modifications du costume, il faut aussi considérer que *kwǒ* était surchargé sémantiquement, car un autre mot *kwǒ* = fr. cor désigne des tuyaux de fontaine ou de fourneau, et, bien que la plupart des témoins, précisément pour éviter toute confusion, disent *kwǒ* « de fontaine, de fourneau », on comprend que *tũyǒ* devienne usuel et que, demandé isolément, tuyau n'ait amené *kwǒ* que chez deux témoins 13 a et 14 a. La pléthore sémantique du mot est accrue à La Bresse de *kwǒ*, cou, coup ; mais déjà, d'après mes témoins, *kǒ* s'y emploie aussi comme dans les autres localités, quoique Hingre ne donne que *cwõ*. Cette forme *kwõ* a-t-elle également présenté tous ces sens dans le reste ou une partie de notre domaine, en dehors de La Bresse, il est impossible de le savoir en l'état de nos connaissances.

L'emprunt du fr. fléau c. 350, diversement adapté, cf. p. 36, qui n'a laissé subsister le type ancien *mwẽčũ mwẽrčũ* qu'aux points 8 et 12, est manifestement dû à l'emploi de ce même type au sens d'aire c. 15 ; en ce sens il ne survit aussi que dans quelques localités de la Haute-Moselle *mwẽčũ* 2, 5, 8, *-e-* 9 : comme il arrive souvent, la collision a amené la disparition du mot ancien dans les deux sens ; c'est pourquoi l'aire 1-15 a adopté « grange » et l'aire 16-22 a créé un mot local nouveau *bătũ*. L'aire 1-15 a perdu ainsi le possibilité de distinguer la grange et l'aire ; mais l'emploi de *bătũ* dans l'aire 17-22 au sens de grange c. 394, bien que Hingre donne *grainge*, prouve que cette distinction n'est pas sentie comme nécessaire.

Le croisement de sablon et de savon qui adonné naissance à *sŏbyõ*, savon c. 690, dans l'aire 17-22 et à l'emprunt de *săvrõ*, sable c. 672, cf. *Les Parlers*, p. 304, explique aussi l'emprunt du fr. « sable », *sablẽ*, *-ẽ*, à Remiremont seulement *săp*, dans la presque totalité des points, car *săvrõ* est fortement entamé : 21 et 22 sont les seuls points où il ait été indiqué seul, et les témoins 19 a, 20 a l'ont déclaré vieilli, ce que prouve aussi la restriction sémantique signalée par 18, d'après lequel *săvrõ* désigne du sable grossier de carrière.

L'emploi de *lẽsyœ̃* à la fois au sens de drap de lit c. 260 et de drap de foin, voir les notes de cette carte, a amené celui de *lẽsyœ̃ d lẽ* dans quelques points de l'aire 1-8' et de *lẽsyœ̃* « de foin » chez quelques témoins. C'est aussi la raison de l'emprunt *drẽ d le(y)* aux points 1, 3, 11. On s'étonne cependant que nos parlers aient donné à *lẽsyœ̃* le sens de drap de foin, puisqu'ils possédaient *fyœ̃re(y)*, dérivé avec le suffixe -ier de *fyœ̃r*, fourrage. Ce mot paraît avoir subi quelque accident, puisque 17 c et 19 a ont indiqué un autre mot d'origine obscure *pwăyœ̃* : la déchéance de *fyœ̃r*, cf. p. 80, en laissant *fyœ̃re(y)* sans soutien sémantique, aurait-elle causé un rapprochement gênant avec *fyœ̃rĭ*, fleurir ?

On a vu p. 90 que le fr. coin, sous les formes *kwẽ* et *kwẽ*, a notablement refoulé le type local *kẽyõ -ã* : si quelque renouvellement de technique a pu contribuer à cet emprunt, l'emploi de *kèyŏ -ă* pour désigner un gâteau de Noël, espèce de brioche longue et étroite qui porte au milieu des bandes tressées, a dû aussi, et peut-être davantage, le provoquer ; autour de Remiremont on avait d'abord cherché à éviter la surcharge sémantique de *kèyŏ* par une substitution de suffixe, 11-14 disant *k(ė)yœ̆* pour le gâteau de Noël.

Un dérivé d' « éteule » avec le suffixe *ŏ* avait non seulement reçu le sens d'éteule c. 316, mais aussi celui de tronc c. 768, encore attesté par *tölŏ* dans la vallée de la Haute-Moselle : il faut certainement attribuer à la gêne causée par ce double sens une part importante dans l'emprunt de *trŏ*, *trŏ* signalé p. 83.

Le recul de *bŏ*, crapaud, devant le fr. *krăpŏ*, cf. p. 66, peut avoir été aidé par la ressemblance de *bŏ* avec *bŏ*, bois, arbre, qui pouvait choquer, même s'il n'y avait aucun risque de confusion sémantique. Les parlers sont sensibles à l'euphonie et peuvent être amenés à se modifier pour éviter des rencontres qui paraissent disgracieuses. On comprend qu'ils aient voulu échapper à des phrases telles que « il y a des » *bŏ* « dans le » *bǫ*. On trouve un exemple bien net de cette tendance dans la substitution de « matin » à *mẽ*, v. p. 70 : ce mot avait l'inconvénient d'avoir une grande ressemblance avec *dmẽ*, demain, *ẽrmẽ*, hier ; une confusion sémantique grave avec *dmẽ* pouvait se produire dans des phrases telles que : « je viendrai de » *mẽ* (avec un emploi de la préposition fréquent dans notre région, cf. *dé-maiti*, le matin, Hingre) ; sans doute elle pouvait être évitée par une modification de la construction.. Mais les groupes très usuels *dmẽ l mẽ*, *ẽrmẽ l mẽ* devaient déplaire à l'oreille ; *érmain-dewa- le main* noté à La Bresse par Hingre montre un essai pour éloigner *main* d'*érmain*, mais le français est venu offrir un autre moyen plus satisfaisant d'éviter une répétition désagréable de la même syllabe. Cette explication s'était présentée à notre esprit avant que nous ayons relevé l'indication suivante de Hingre : « *maiti*, matin, n'est guère usité que dans la formule *demain-le-maiti*. »

La forme ancienne de « fougère » dans la vallée de la Haute-Moselle devait être *f(ẽ)lẽr*, cf. p. 38, qui a dû entrer en collision avec *f(ẽ)lẽr*, araignée, cf. p. 67, et l'on peut s'expliquer ainsi la pénétration des deux mots fr. « fougère » et « araignée ».

Le succès de *sẽrf*, cerf, qui n'a laissé subsister comme formes anciennes que *syă* de 20 a et *cié* de La Bresse d'après Hingre, v. p. 65, peut être dû au fait que « cerf » a été aussi employé pour désigner le cerf-volant. Hingre donne *ciē-volan* ; mais 14 a a indiqué *syā* tout court et 12 a une forme croisée *sēr*, cf. aussi *cia*, lucane, cerf-volant, Haillant qui signale *cia* à Saint-Amé d'après Thiriat.

Le type local *gruŏt, -yŏt, -yăt, gĕryăt,* d'origine inconnue ayant servi à désigner à la fois le poumon et le foie c. 352, nos parlers ont tenté de faire une distinction sentie nécessaire au moyen des adjectifs « blanche » et « noire », cf. *grüyŏt byãē* et *byãe g.* 2 c, *-ŏt* 15 c, *-gĕryăt* 17 a au sens de poumon et *nēr grüyŏt* 2, 15 au sens de foie. Mais ce procédé ne s'est pas imposé ; Haillant donne *gruotte* avec le double sens de foie et de poumon, Hingre *guériate* pour le foie et *bianche-g.* pour le poumon, et notre carte 352 montre la prédominance des formes *gruŏt*, etc., sans adjectif, au sens de foie. La conséquence de l'embarras où se sont trouvés nos parlers a été le recours au français : *fwē*, foie, a été peu emprunté, mais *pümõ* est adopté partout et laisse une place infime à l'ancienne désignation locale.

Meule de blé, de foin c. 495 soulève des questions difficiles à résoudre, à cause de l'abondance des termes locaux usités pour désigner les tas de foin de différentes tailles, cf. tas *Lex.* L'extension de « meule » au sens de meule de foin paraît bien être due à l'influence du français, mais pour le sens de meule de blé l'emprunt, du moins récent, n'est pas aussi probable. D'autre part les relations des trois formes *mŭl, myœ̆l, mœ̆l* sont également incertaines. Voici ce qui nous paraît être le plus probable : *myœ̆l*, encore usité seul ou en concurrence avec *mœ̆l* dans plusieurs points de l'aire 11-22 est le type le plus ancien, et la pléthore sémantique de ce mot, signifiant à la fois meule de blé et meule à aiguiser, a fait emprunter la forme fr. *mœ̆l* qui est devenue prépondérante. *mŭl* de l'aire 1-6, malgré le fr. archaïque *mule*, cf. *D.G. s. v° meule*, est probablement la forme franc-comtoise encore usitée au point 23 et devenue *mŭr* aux points 24-26 et que l'aire 1-6 aura prise pour la même raison qui a causé l'emprunt de *mœ̆l*, du reste également connue dans cette aire.

La collision de *grēy*, gril et grille, que manifeste l'emploi du genre féminin au sens de gril par plusieurs témoins de l'aire 1-8 et qu'atteste aussi l'indication de Hingre : *grée*, s. f., gril et grille », explique l'emprunt des formes françaises *grī*, gril, 11 a, 16 a, b, 17 a, *grīl* 14 a, 15 a et de *gri(y)*, grille, 2 c, 3 a, 7 a, 8' a, 11 a, c, 13 a, 17 a. Cet emprunt pouvait être insuffisant pour écarter toute confusion ; c'est ainsi que 11 a a fait de *griy*, grille, un mot masculin. Aussi voit-on nos parlers recourir aux mots fr. « grillage », « palissade » et le témoin 2 b employer le mot local *wâd*. Sans doute la variété des réponses des témoins provient pour une part de ce que les mots demandés évoquaient chez ceux-ci des idées plus ou moins nettes ; mais il n'en est pas moins vrai que, quand le genre féminin atteint « gril », il se produit une collision gênante qui explique les emprunts des formes françaises de « grille » et de « gril » citées plus haut, cf. sur ce point Gilliéron, pp. 307-308.

fyè = fr. fier était surchargé de sens ; il signifiait amer et irrité, de plus il désignait, dans une grande partie de notre domaine, le fiel c. 344. C'est sans doute la raison pour laquelle *fyèl* commence à pénétrer çà et là, cf. p. 65, et « amer », v. la c. 31, a à peu près supplanté *fyè* qui ne subsiste plus qu'en quelques points isolés 1, 8' (quelques témoins 2 c, 4 b, 19 c l'ont indiqué également dans d'autres phrases que celle qui a servi à établir la carte, cf. aussi Hingre qui donne à la fois *fié* et *aimwère*). *fyè* a mieux résisté au sens de fâché, irrité ; cependant *fwòè*, *-e-* l'attaque partout, et 9 déclare *fyè* un mot plus grossier, de même que 7 a qualifie *fwòè* du mot plus « honnête ».

L'adjectif *fò* (fém. *fòd*), qui n'est attesté que dans l'aire 1-8' et au point 12, représente l'adjectif ancien *profond*, issu de *profundus* avec changement de préfixe, et dont *par* a été éliminé à l'époque où *par* avait une vie indépendante d'adverbe. Par suite *fò* est devenu homonyme du substantif *fò*, très usuelle dans notre région : à l'expression française « à terre » correspond à peu près partout *ł fò*. Aussi l'adjectif *fò* est-il en recul et cède-t-il au fr. *pròfò* ou à « creux », celui-ci adapté en *kèryò*, *-ès*, dans l'aire 19-22, profond c. 617.

nwà = a. fr. nouer < *notare*, nager c. 518, n'a plus qu'une vie précaire dans l'aire 19-22 ; et là aussi il commence à céder au fr. « nager » auquel on a eu recours pour éviter la collision homonymique avec « nouer », qui se dit de même *nwà* dans les deux vallées. Hingre a saisi la cause de cette substitution et dit : « *nwa*, nager ; il est peu usité à cause de son homonymie complète avec *nwa*, nouer, et se remplace ordinairement par *rama*. »

ràyè ròyè, arracher c. 45 < *radicare*, cf. *Les Parlers*, p. 113, ne survit qu'en quelques points et cède au fr. « arracher » à cause de son homonymie avec rayer dont je n'ai relevé la forme *ràyè* qu'au point 16, mais qui existe certainement partout ; j'ai entendu au

Thillot *rŏyĕ* et cf. dans Hingre « *rauyé*, déraciner, arracher, *rōyé*, rayer. »

rœ̆yĕ 17-21 et *-ă* 12, oublier c. 543, sont les derniers représentants de la forme locale de « roublier » ; ailleurs s'y est substituée une forme croisée, v. p. 44 ; et ce recul est dû à la rencontre de ce verbe avec *rœ̆yĕ*, râcler le fumier de l'étable, dérivé de « rouable », cf. *Les Parlers*, pp. 148 et 277. Elle explique aussi les variétés lexicales que nous y avons notées, sans avoir su alors en donner la raison : en effet *rœ̆yĕ*, râcler le fumier, ne subsiste que dans l'aire 1-16 où « roublier » s'est substitué à *rœ̆yĕ* ; dans l'aire 17-22 qui conserve cette forme ou emploie un autre verbe (*ĕ*)*çtĕrwă*, et ce n'est que dans cette aire que j'ai relevé des expressions équivalentes *răkă* 20 a, *nătyĕ* 17 b ; et de même *dāsĕ* qui s'applique à la deuxième opération : conduire le fumier hors de l'étable n'a été indiqué, d'une façon apparemment impropre, que par 12 a, c.-à-d. au Val-d'Ajol où *rœ̆yă*, oublier, est encore seul usité.

L'emprunt de rêver c. 656, diversement adapté, cf. p. 27, et qui n'a laissé subsister *sōjĕ* que dans l'aire 1-6, 21 est dû sans doute à la dualité des sens de « songer, rêver et penser ». En effet, en ce dernier sens, « songer » a été employé dans presque toutes les localités, cf. penser *L.*, bien que « penser », sous l'influence du français, soit également très usuel et certainement connu partout.

L'ourlet c. 545, plus ou moins adapté, apparaît notamment dans l'aire 11-15 ; on peut penser que la ressemblance du mot local dérivé d'*ŏrsō œ̆rsō*, cf. *Les Parlers*, pp. 30-31, avec le v. ressembler c. 653, a favorisé cet emprunt. L'identité des deux verbes est totale dans les localités où ourler se dit *ĕrsŏnă*, *-ĕ* ; et il est possible qu'elle soit due à une confusion ; car le mot qui désigne l'ourlet c. 545 ne se dit qu'*ŏrsō* et *ŭrsō*. « Ourler » a en outre donné naissance au post-verbal *wŏl* 12, *ŏl* 13 ; mais aux points 3, 4 des témoins ont employé aussi des formes plus proches du fr. *ŭrlĕ*, *ŏrlĕ*. En effet *ŏrsō œ̆rsō* a reçu le sens de croûte de pain c. 236, et cette dualité sémantique a causé, après coup, une certaine gêne. Aussi *krŏç*(*tĕ*) résiste dans l'aire 19-22, et Hingre ne connaît que ce mot et ne donne pour *orson* que le sens d'ourlet. Il est difficile de se prononcer sur *krŏtō* de 11, 13 et même sur *krŏt* de 11, 15, 16 ; mais *krŭt* de 1b, 17 a et *dŭɛ* = fr. dur de 8′ e sont dus à un effort récent pour échapper à l'excès sémantique d'*ŏrsō*, *œ̆*-.

çœ̆lĕ, siffler c. 710, représentant de *sibler* ou *subler*, cf. *Les Parlers*,

p. 149, ne subsiste que dans l'aire 19-22, et il est déjà battu en brèche aux points 19 et 20 par *fūtẹ̄*, autre adaptation du type de l'a. fr. *flaūter*, seul attesté dans le reste du domaine. Ce recul provient également d'un excès sémantique qui a surchargé la forme locale *ēčlẹ̄*, *ę̨*- ; en effet, au sens de manquer un but, p. ex. dans un jeu, ce mot est usuel partout où je l'ai demandé, et Hingre lui donne en outre le sens de : faire un récit mensonger, tromper en comptant.

Les formes représentant le v. *exiliare* *ēčyẹ̄*, *ę̨*-, etc., et signifiant gaspiller, cf. *Les Parlers*, p. 219, avaient le grave inconvénient d'être homophones avec le v. essuyer c. 311 là où la voyelle intérieure tombait, c.-à-d. partout, sauf dans l'aire 1 7 où essuyer se dit (*rẹ̄*)*ewẹ̄*. Il est vrai que je n'ai recueilli que des formes avec voyelle ; mais l'indication de Hingre : « *khié*, essuyer — *khié*, gaspiller » montre que l'identité est complète. Nos parlers ont tenté de se soustraire à cette collision en utilisant le composé avec *rẹ̄*- au sens d'essuyer ; mais ce remède a paru inefficace, et les parlers ont eu recours au fr. « torcher » qui a eu grand succès dans l'aire 8-22 et a entraîné « torchon » au sens d'essuie-main, cf. p. 74 [1].

L'emprunt de « pâturer », *pâturẹ̄* 1-12, *-uryẹ̄* 13, 15, 19-22, *-ūr*- 17, provient de ce que « paître », sous les formes *pẹ̄čẹ̄*, *-ę̨*-, cf. *Les Parlers*, p. 214, a pris le sens de donner la béquée, nourrir un enfant ou un malade, suivant l'indication de plusieurs témoins confirmée par Hingre : « *paikhé*, nourrir en donnant la becquée ; se dit également pour un enfant, pour un malade. »

Si, à côté de « déjeûner », qui sert à la fois pour le repas du matin et celui de midi, quelques témoins, autour de Remiremont, emploient aussi *dīnẹ̄*, c'est sans doute pour échapper à l'excès sémantique qu'ils ont fait cet emprunt ; et nous avons admis dans les *Parlers*, p. 269, que c'est pour la même raison que quelques

1. On a vu dans *Les Parlers*, p. 247, que le fr. « arranger » a pris le sens de soigner le bétail et que le terme ancien qui a été éliminé est « arriver » encore attesté aux points 13, 14 et à La Bresse. C'est l'emprunt du sens actuel du fr. arriver qui a causé le recul du sens ancien et la substitution d'« arranger ». Toutefois ici l'emprunt au fr. n'a pas été direct, car « arranger » n'y possède pas le sens de soigner le bétail : il faut de plus ajouter qu'« arriver » était déjà surchargé sémantiquement et que le nouveau sens n'a fait sans doute qu'accélérer la substitution d'« arranger », dont les formes révèlent l'existence ancienne dans nos parlers ; cf. ce que dit Hingre : « *airivé*, préparer, arranger, orner, faire sa toilette ; se dit en particulier, comme synom. d'*airshé*, pour donner au bétail son repas et faire sa litière. Ne se dit dans le sens d'*arriver* que par néologisme. »

témoins donnent au représentant de *merendare* le même sens de dîner.

Le cas du v. qui signifie épeler est particulier : les quelques témoins interrogés ont tous indiqué *lãtă*, *-ẽ*, dérivé de l'adj. « lent ». La création de ce verbe a dû se produire dans le français populaire, car l'adjectif « lent » n'est pas usuel dans nos patois et elle a été provoquée par la collision imminente d'épeler avec appeler ; en effet, bien que tous les parlers emploient encore *hœ̃čẽ*, *-e-* = fr. hucher, « appeler » y est naturellement connu et adapté en *ẽplă*, *-ẽ*, cf. Hingre *aipelé* ; mais on peut supposer aussi que la collision a eu lieu dans le français populaire, auquel précisément nous attribuons la création de « lenter ».

F. — FORMES TROUBLÉES

Une autre cause importante d'emprunts, c'est la complexité des formes qui affecte certains mots patois. Par suite de leur forme phonétique, de croisements de mots ou de modifications analogiques, plusieurs présentent une variété de formes qui traduit un véritable affolement ; en conséquence, et pour retrouver l'équilibre perdu, nos parlers ont eu recours au français. Des conditions particulières peuvent empêcher l'emprunt et contraindre les patois à conserver leur état, si troublé qu'il soit : si, par exemple, oseille c. 537 maintient partout ses formes, cf. *Les Parlers*, p. 294, c'est qu'elles désignent l'oseille sauvage et que, de l'avis de tous les témoins interrogés, *ŏzẽy* désigne l'oseille cultivée.

On a vu p. 13 que la multiplicité des formes analogiques des infinitifs devoir, pouvoir, vouloir a provoqué l'emprunt de la forme française. Parfois en absence du mot du même type en français, nos parlers trouvent plus de difficulté à corriger par un emprunt l'excès de leurs formes : c'est pourquoi « ouïr » reste plus solidement établi, cf. la c. 298 et le *Lex.* ; cependant en réponse à entendre 10 c, 12 b ont dit *ẽkűtă*, 13 b *-ẽ*, 21 d, e *ẽçkűtă* et en réponse à entendu 3 a *ẽtŏdŭ*, 11 a *-ŏdu* ; mais « entendre » est un substitut défectueux, parce qu'il est exposé à devenir homophone avec « attendre ». C'est aussi probablement pour éviter la variété des formes fortes de « mettre », v. la c. 494, que la grosse majorité de nos parlers a emprunté « bouter ». Pour « jouir », usité du sens approximatif de réussir à, v. la c. 655, nos parlers ne pouvaient pas appeler le français à leur aide, en raison de la différence du sens, et de la déchéance de jouir en français ; *rëüsïr* de la vallée de la Haute-Moselle et *rëüsyẽ* de la Moselotte ont sans doute été provoqués par la question ; mais on peut cependant considérer « réussir » comme un des substituts possibles de « jouir » [1] dont la vie est devenue si précaire que j'ai dû extorquer le mot presque partout.

Sourcil c. 723 conserve encore dans l'aire 18-22 quelques formes visiblement affolées ; aucune n'est régulière. Les moins atteintes *sërvësæy, -ës-* de 20-22 montrent dans leur terminaison un croisement avec « œil » qui était imminent puisqu'il reparaît non seulement dans *sòrfẽ d æy* de 18 et 19, mais dans *süsï d æy* de 13 ; en outre Horning dans son lexique, p. 120, signale *sourcoel* de Froissart. La première partie du mot elle-même a été troublée par quelque accident : *sërvësæy* semble être le résultat d'un croisement avec un représentant de « cerveau », si l'on tient compte de *sëvrẽ* qui existe au sens de front [2] dans l'aire franc-comtoise 23-26. D'autres formes sont plus compliquées et même absurdes : *sërfæ, sòrfæ, sòrfẽ* paraissent avoir été modifiées par « cerfeuil » qui se dit à peu près partout *sòrfæ*, sans qu'on saisisse comment ce croisement a pu se produire. Dans ces conditions on comprend que nos parlers aient emprunté le fr. sourcil sous les formes *süsï*, qui est la plus répandue, *sürsï* usitée en quelques points et *süsïl* isolée au point 21.

Le type « arantele », cf. *ML. EW.* 593, toile d'araignée c. 752, n'était plus clair sémantiquement, et il était d'autre part menacé de nombreux accidents phonétiques que révèlent *ëvòtël* 17-22, *ëvãtël* 1, 2, *ëvëlãtër* 3, 5 ; c'est pourquoi nos parlers emploient *flã* 12, *flẽ* en quelques points de la vallée de la Haute-Moselle et surtout le fr. adapté « toile d'araignée ».

L'emprunt de *cëvræ(y)*, chevreuil, qui a envahi presque toute l'aire 8'-16, cf. p. 133, s'explique en partie par la variété des formes auxquelles le développement d'une voyelle entre les deux consonnes du groupe *vr* a donné naissance.

Le type « flammèche » qui désigne l'étincelle c. 317 est telle-

1. La nuance de sens exprimée par ce mot peut être rendue de différentes façons, telles que « bien pouvoir, arriver à », etc.

2 Peut-être est-ce sens de front pris par « cerveau, qui explique l'expression « moëlle de la tête » signalée p. 62.

ment troublé par divers accidents, cf, *Les Parlers*. pp. 64, 98, 132, qu' « étincelle » a pénétré dans une notable partie de l'aire 1-15, et c'est probablement la cause du développement du mot d'origine obscure *kĭe* de l'aire 8-17 [1].

Les formes variées qui désignent le gui, *bŏk* 2 c (qui ne l'a indiquée que sur demande et l'a déclarée vieillie), 5 a, *wŏk* 9, 11 b, 15 a, *wăk* 19 b, 20 a, toutes d'origine obscure, *wǫ̂ç* 14 a qui est exactement l'adj. « vert » expliquent le succès du fr. *gĭ*. A la suite de cet emprunt et de celui de *glŭ*, une confusion s'est produite entre ces deux mots ; en effet la glu se fait souvent avec des baies de gui. De là, d'une part, *gŭ*, gui, dans la région de Remiremont et au point 2, féminin chez 11 c, 13 a, et d'autre part *gŭ* (masc.), glu, 5 a, 11 a-c, 16 a ; 9 a même employé *gĭ* au sens de glu en précisant qu'on fait de la glu avec du gui, et le masc. de *glŭ* chez 7 a a la même origine.

Ombre c. 631 a pris, à la suite d'une double agglutination de l'article et d'une métathèse, cf. *Les Parlers*, pp. 132-133, des formes diverses qui ont provoqué l'emprunt du fr. *ōbr* dans l'aire 1-6 et en quelques autres points et d'*ōbrēj* au point 12.

L'emprunt de *brŭyér*, bruyère, v. p. 38, a été causé par le trouble qu'attestent les formes encore usitées dans l'aire 17-22.

Sureau c. 734 manifeste du désordre à la fois par la forme *sĕyŭ* de 5 a et *sǽe* de 19, 22, devenue homonophone avec « suie » sans aucune raison qu'une véritable confusion de mots, cf. *Les Parlers*, p. 309 ; ainsi peut s'expliquer *sŭrŏ*, *sĭrŏ* autour de Remiremont.

Le croisement avec « lumière » qui a troublé *mŭĕ*, *mŭe*, mèche de lampe c. 484 et en a fait *lĕmŭĕ*, *-e*, *lĕ-* dans l'aire 7-17 explique le recours au fr. *mĕe*, notamment dans cette aire.

Si printemps c. 616 est fréquemment emprunté, on remarquera que le composé local formé du v. « issir » + *fyœ̆*, qui est le terme le plus usité, cf. *Les Parlers*, p. 249, est flottant dans la voyelle initiale, cf. *ŏçĭfyœ̆* 13, 14 et *ĭeĭʃyœ̆* 8', à côté des formes prédominantes *œ̆cĭfyœ̆*, *œ̆çĭ-*. Si le désir de renouveler le nom de cette saison est une cause d'emprunt, v. p. 85, le trouble qui atteint le terme local peut aussi avoir poussé nos parlers dans le même sens.

1. L'attitude du t. 2 d est significative : après avoir essayé de prononcer le mot patois et avoir hésité sur la forme à adopter, elle a fini par dire *ĕtĭsĕl*, en déclarant qu'elle n'emploie pas l'autre mot.

L'arc-en-ciel c. 40 est désigné par une expression formée de deux éléments « couronne » + « saint Linart » (« saint Bernard » au point 12 seulement), tous deux troublés par des accidents qui ont été examinés dans *Les Parlers*, p. 246 : c'est par suite de cet état que le point 13 a créé l'expression plus claire *kŭrŏn dŏ bę̆ tŏ* et que de nombreux témoins ont employé *ărk ą̆ syę̆l* ; cet emprunt a en outre donné naissance, à Remiremont, au croisement remarquable *kŭrŏn d ărk ą̆ syę̆l.*

Par suite du croisement qui a atteint le v. local signifiant apprivoiser, v. *Les Parlers*, p. 246, ce mot a été évité dans les deux vallées et remplacé par le fr. adapté « apprivoiser ». De même si « remuer », plus ou moins adapté, a triomphé dans la grande majorité des localités au sens de tisonner c. 751, c'est sans doute pour échapper au trouble causé par le croisement des deux verbes « fourgonner » et « barguigner », cf. *ibid.*, p. 316. De même encore, si trembler c. 766 et exciter c. 331 tendent à se répandre dans de nombreux points, ces emprunts sont dus à une cause analogue, car dans ces deux cas nos parlers présentent à la fois plusieurs termes concurrents et sujets à divers croisements, cf. *ibid.*, pp. 313 et 274. On peut encore citer le cas de greffer c. 397 [1] : dans la majorité des points « greffer » est en concurrence ave un représentant d'**emputare*, que déjà plusieurs témoins ont déclaré ne pas connaître, pour 9 *ŏpă* est un mot de Rupt, pour 13 a, 14 a *ŏpę̆* est vieilli : or la prononciation en est hésitante tant en ce qui concerne la nasalisation dens l'aire 1-10 que pour l'*h* initiale.

Parfois cependant, pour des raisons qu'on n'aperçoit pas, des mots remarquablement troublés ne font pas appel à l'emprunt autant qu'on s'y attendrait : tel est le cas de lézard c. 452 et celui de purin c. 622, sur les formes locales de « lézard » et des représentants du terme issu de *lotium*, cf. *Les Parlers*, pp. 129-133 et 235 ; en effet *lę̆zăr, -ă* n'a été employé que par quatre témoins 8 b, 10 b, 11 c, 15 b et *pŭrę̆*, moins connu encore, que par 1 b et 11 c.

EMPRUNTS SÉMANTIQUES

On a indiqué p. 47 pour quelles raisons les emprunts sémantiques ne paraissent pas avoir l'importance des emprunts propre-

1. *grę̆fă* y a été omis dans l'aire 1-10, 12, 16 entourée d'un pointillé.

ment lexicaux. Il n'est pas inutile de rappeler que nous n'envisageons ici que les faits attestés par l'état actuel de nos parlers et que, dans le cours de leur histoire, ils ont dû faire au français plus d'un emprunt sémantique dont nous n'avons pas à nous occuper ici. Mais il faut dire aussi qu'il est souvent impossible de reconnaître à quelle sorte d'emprunt on a affaire. Il est, par exemple, certain que *ċḕr*, cher, a été repris récemment au français dans l'aire 11-16, mais *ċḕ*, *ċḕ* des autres localités sont-ils anciens ou des adaptations relativement récentes et ont-ils été importés avec le sens de cher, de grand prix, ou l'ont-ils reçu du français ? Il n'y a pas de raison décisive, en considérant notre seul domaine, de choisir une explication plutôt que l'autre.

Voici cependant quelques cas suffisamment clairs d'emprunts sémantiques, dont plusieurs ont été du reste déjà signalés dans les pages précédentes.

Il est évident que le sens de partir c. 555 vient du français ; il en est également de même de « se promener », bien que le représentant local ait subi à une date ancienne une substitution de préfixe et soit partout « parmener », cf. les formes au *Lexique*. Si « arriver » a reculé dans la plus grande partie de notre domaine au sens de soigner le bétail, c'est, comme on l'a vu p. 104, note 1, en partie par suite de la pénétration du sens actuel qu'arriver présente en français et que connaissent tous nos parlers : *ḕrīvḕ* partout sauf *-ă* 12. De même « songer » a cédé le pas à rêver, v. p. 103, parce qu'il a pris le sens de penser. Quelle que soit l'ancienneté du v. « allumer » dans nos parlers, cf. allumer c. 26 et 27, il est en tout cas certain qu'il a pris récemment le sens du français et qu'il refoule peu à peu un ancien verbe local *(r)ḕfwă*, *-ḕ* qui survit encore mais d'une vie précaire. « allumer » a anterieurement signifié éclairer, ainsi que l'ont indiqué plusieurs témoins des points 9, 18, 22 ; de plus 22 b, en réponse à « allumer du feu », a répondu *ḕfwă* et ajouté qu'*ḕlmḕ* ne s'emploie pas, et cette indication est confirmée par Hingre : « *ailemé*, éclairer, illuminer. Se dit rarement dans le sens d'allumer ». Nous avons admis p. 101 que l'emploi de « meule » en parlant du foin est due à une propagation du sens français. La majorité de nos parlers ont emprunté *mḕċ*, mèche de cheveux, v. p. 82, mais aux points 6, 11, 12 les parlers ont donné le sens du français à la forme locale *mü̯ċ*, *müċ*. « Métier » qui existait, sous les formes *mtḕ*, *-ḕy*, au sens de métier à tisser a été employé au sens de profession dans les localités 1, 2, 6, 9, 11, 19, 21, cf. p. 41. *ăr*, qui signifie air, vent, a pris le sens abstrait du français dans la locution « avoir l'air » que je n'ai recueillie qu'au point 8', mais que Hingre signale aussi à La Bresse (peu importe ici l'origine du fr. air en ce sens). 2 c a désigné toute la série des sept formes qu'on emploie pour faire les fromages par le mot *jœ̂*, jeu, qui doit ce sens au français. J'ai recueilli *trĕyĭ* dans quelques points de l'aire 1-16 et *trĕ* dans quelques autres de l'aire 17-22 avec des sens locaux, spécialement avec celui de train de culture ; mais ces formes sont également employées dans les locutions « être, mettre en train » sur le modèle du français. « Faire nn tour » au sens de se promener, locution évidemment faite d'après le français, a été indiquée par plusieurs témoins, surtout dans la vallée de la Haute-Moselle.

Il arrive aussi que nos parlers, en empruntant un objet nouveau, se contentent de donner le sens du mot français à un mot local désignant un objet analogue. On a vu p. 88 les témoins 10 c, 17 f, 19 a employer *kŭrŏy* pour désigner une courroie d'usine ; de même 1 a, b, 2 a, 20 a, 21 e ont donné à *s(e)vĕr* le sens de « brouette, v. p. 88, et d'autres témoins de 11, 18, 19 l'ont indiqué avec celui de civière suspendue sous une voiture, v. p. 41, et si *blŏd* désigne, de l'avis de la majorité des témoins une ancienne blouse longue, v. p. 92, 10 c et 13 b ont désigné par ce même mot la blouse courte d'usage plus moderne. *ĕçœ̂t* de 20 a, b, 22 b, assiette, est un exemple remarquable, v. p. 92 : il est évident que ces parlers possédaient ce mot, substantif verbal dérivé du participe féminin, au sens abstrait et que, sur le modèle du français, ils l'ont appliqué à l'ustensile de ménage, appelé en fr. assiette, cf. Hingre : « *aikheûte*, assiette. Assise », et pour le sens abstrait *ĕcœ̂t*, confiance, de 2 c.

UTILISATION DES MOTS EN CONFLIT

Toutefois on comprend que, plutôt que de surcharger les mots de sens nouveaux, les parlers préfèrent le plus souvent emprunter un mot français en même temps qu'une notion nouvelle : c'est, en somme, un enrichissement du lexique qui accompagne un enrichissement des techniques et des idées.

Qu'on se rappelle que, dans les parlers qui conservent *ĕlmŏt, -ăt* pour désigner une espèce de lampe, le fr. allumette n'a pas été adapté aussi complètement que dans les autres, v. p. 41. La soie de porc ayant partout des formes locales *sòy* 1-11, 13-16, 20-22, *swòy* 12, *sày* 17-19, la soie, en tant que matière à tisser, se dit partout *swě* et un seul témoin 21 a l'a également désignée par le terme local *sòy*. Il n'y a rien que de naturel à ce que nos parlers aient préféré se servir du mot français, quand il s'agissait de désigner une matière fabriquée et importée ; et c'est de même qu'ils ont adopté le fr. *òzèy* pour l'oseille cultivée, sans doute introduite récemment, en réservant le terme local pour l'oseille sauvage, v. p. 105.

Mais nos parlers ne limitent pas l'utilisation des deux termes français et patois à ce cas ; on les voit également mettre à profit des emprunts français pour établir des distinctions de sens de toute sorte. On a vu p. 41 qu'on dit généralement *mètyè* au sens de profession, tandis que la forme locale *mtě*, *-éy* désigne le métier à tisser. Deux témoins 5 c, 19 b disent que *păpyǒ* sert pour les papillons blancs des maisons, *biblě* pour les papillons de la campagne, papillon c. 551. « Champ » qu'on a considéré comme emprunté p. 83 désigne pour 1 a, 19 b, c les champs situé dans la plaine, pour 2 c les champs appartenant à des particuliers, par opposition aux champs communaux (l'explication de 2 c équivaut à la précédente, car ceux-ci sont le plus souvent situés dans la montagne). Des indications plus ou moins explicites de quelques témoins il résulte que, pour eux du moins, « fleur » désigne les fleurs des arbres et « bouquet » les fleurs des champs et des jardins, fleur c. 351. Pour la grande majorité des témoins, *cãpĩŋǒ*, exceptionnellement *ẽ-*, désigne les champignons comestibles, le type « bolet » *bòlă* 1-10, 11 e, 13-22, *-ã* 11 a-c, *bòrlæ̆* 12 les champignons vénéneux. Il semble bien que « parents » *pwèrõ* 1-8', *õ* 11, 13-15, *-ã* 12, *pwărǒ* 17-22 soit un emprunt adapté et auquel a été donné le sens restreint de proches : oncles, tantes, cousins, cousines, à l'exclusion du père et de la mère désigné partout par « nos gens ». A côté des formes locales de perdu c. 570 quelques témoins ont employé la forme française *pèrdu(y)*, perdue, au sens de très gravement malade, en danger de mort. On a vu p. 37 que les parlers de l'aire 19-22 ont conservé *mwèr*, *pwér* au sens de femelle, mâle d'animal. D'une façon analogue, il est fréquent que les formes locales désignant les parties du corps ne s'appliquent plus qu'aux animaux : cf. pour foie, boyaux, narine p. 61 sq., et de même Hingre dit de *bianche-guériate*, « les poumons ; se dit surtout des animaux de boucherie ». Les témoins 7 b, 11 c qui ont indiqué « sevrer », cf. p. 79, l'ont appliqué aux enfants, réservant *pĕnī* pour les animaux, et cette indication s'accorde avec celle de 15 a, 21 a qui ont spontanément ajouté, sans donner « sevrer », qu'*(ĕɛ)pĕnī* se dit surtout des animaux; le sentiment que le même mot ne convient pas aux hommes et aux animaux se manifeste aussi dans l'emploi de *dĕtăsĕ*, composé de *tăsĕ*, téter, pour les enfants et d'*ĕpĕnī* pour les animaux, au point 12, et il explique en grande partie les emprunts précédents au français. De même, en parlant des fonctions du corps, nos parlers utilisent parfois la concurrence de deux mots et, dans ce cas, ne laissent au mot patois qu'un sens vulgaire. Ainsi « cracher », c r a c h e r c. 224, s'emploie à peu près seul au sens de cracher le sang, le v. local du même type que l'a. fr. *escupir*, cf. *Les Parlers*, p. 28, signifiant surtout cracher la salive. De même *vŏmir*, v o m i r c. 805, se dit des malades, le mot local dérivé de « renard » étant considéré par beaucoup de témoins comme vieilli et grossier. Il arrive exceptionnellement qu'un mot français s'introduise avec une valeur plus basse : c'est le cas, évidemment, de *dĕgœlĕ*, indiqué par quelques témoins au sens de vomir, et aussi celui de « merde » à propos duquel Hingre fait l'observation suivante : « *Merde*, forme grossière ; la forme adoucie est *miĕde* » ; visiblement le mot fr. a été emprunté comme juron grossier.

Dans cette utilisation des emprunts français nos parlers montrent une certaine habileté à s'enrichir, mais cet enrichissement n'est que momentané. Pour les termes techniques le mot patois ne peut survivre que dans la mesure où l'objet ancien survit lui-même. Pour les autres exemples on notera que l'accord des parlers est rarement général ou même très étendu, sauf dans le cas de « parents » ; même « champignon » est appliqué par plusieurs témoins aux champignons vénéneux, et en sens contraire *bŏlă* l'est par d'autres aux comestibles. Mais surtout ce qui donne, à notre avis, une vie précaire à cet enrichissement, c'est que, dans la plupart des cas, le mot patois est considéré comme vieilli et grossier, et, par conséquent, destiné à être plus ou moins rapidement délogé de ce qui est son dernier refuge. En somme cet enrichissement apparent n'est en réalité qu'un aspect momentané de l'assaut que le français livre aux patois : c'est une réaction de ceux-ci, mais, sauf quelques cas heureux comme celui de « parents » qui paraît être solidement établi, elle ne laissera sans doute que de légères traces.

QUATRIÈME PARTIE

VOIES DE PÉNÉTRATION

Le groupe des vingt-deux localités qui ont fait l'objet de notre étude est disposé de telle sorte qu'il apparaît clairement que le rôle civilisateur appartient sans conteste à la ville de Remiremont. Nous avons cité dans l'introduction des *Parlers*, p. xv, ce que Vidal de La Blache a dit à ce sujet dans son beau *Tableau géographique de la France*. Revenant, dans un récent ouvrage, *La France de l'Est*, A. Colin, Paris, 1917, p. 41, sur le peuplement et le développement des hautes vallées des Vosges, il exprime sur le rôle des villes placées à leurs débouchés le même jugement dans des termes qui ont peu varié. «... Aux débouchés des vallées, au contact de la Plaine et des Vosges, sur les flancs des coteaux calcaires, nombre de petites villes et de bourgs ont surgi, entretenant des relations de solidarité, une fréquentation assidue et régulière de marchés. Le Vosgien prend le chemin de Remiremont, Épinal, Rambervillers, quand, à la belle saison, il s'agit de troquer pour du grain les pièces de toile qu'il a tissées pendant l'hiver et qu'il a fait ensuite blanchir sur le pré : modestes prémices de l'industrie future qui animera ces vallées. »

Nous avons déjà eu l'occasion d'examiner ce qui, dans l'état actuel de nos parlers, y révèle une influence particulière de celui de Remiremont, cf. *Les Parlers*, §§ 85 et 150. Après avoir montré dans les pages précédentes quelle énorme part il faut faire aux emprunts français, suivant quels procédés ils sont reçus et quelles sont les causes générales et particulières de cette invasion, il convient de rechercher dans quelle mesure le parler de Remiremont a joué le rôle d'intermédiaire entre le français et les autres parlers. Il est naturellement possible qu'il n'ait pas pris lui-même directement au français tel mot emprunté, mais qu'il l'ait reçu d'ailleurs, notamment de la région d'Épinal, cf. p. ex. le cas des pronoms *zȏ*, *zȏl*, qui effleurent à peine la vallée de la Moselotte au point 16, et celui des pronoms possessifs « mien, tien, sien » qui ont envahi presque tout le domaine, v. p. 10 ; mais, outre que, dans la plupart des cas, nous n'avons pas les moyens d'établir le fait, il est, au point de vue où nous nous plaçons ici, d'une importance secondaire. D'autre part, on sait, comme on l'a vu p. 4, que c'est un parler à la veille de s'éteindre et qui a perdu par conséquent toute capacité de propagation ; mais, à une époque peu éloignée de la nôtre, il était sans doute presque aussi vivace que ceux des autres localités, et il devait jouir alors de tout son prestige du parler directeur.

Or nos parlers offrent un nombre appréciable de mots empruntés au français, dont la forme même décèle qu'ils ont dû passer par la région de Remiremont, avant de se répandre dans les autres localités. On a vu, p. 28 sq., dans quelles conditions *a* devient *o* dans notre région, et particulièrement à Remiremont et dans ses environs immédiats. Bien que l'action d'une labiale voisine s'exerce partout, on peut cependant admettre que c'est Remiremont qui a assuré la diffusion de formes telles que *pǫ̈pyẹ̄*, papier, usité partout, sauf au Val-d'Ajol qui dit *pǟpyẹ̄*, et *pǫ̈syǭs* 1-10, *-ǭs* 11, 13-22, mais *pǟeyā̃s* 12, patience ; il en est de même d'« habile » et d'« appétit », v. p. 29 ; *pwǫ̈ẹ̄n*, personne c. 573, du point 16 et *pwǫ̈ǭn* de 12, où il coexiste avec *pwǟ-*, ont été aussi influencés par le parler de Remiremont, étant donné le traitement d'*e/a* protoniques dans les deux vallées, cf. *Les Parlers*, § 51, et celui de « personne » dans tout le domaine. Dans d'autres mots où l'*o* ne peut pas être attribué à l'action d'une consonne labiale, il est encore plus nettement établi que nous sommes en présence de formes parties de la région de Remiremont : c'est non seulement le cas d'*ǫ̈rjā̃*, argent c. 42, du Val-d'Ajol, mais ceux de *mẹ̄dǫ̈l*, médaille, v. p. 26, d'*ǫ́rmā̆r*, armoire c. 44, seule forme connue, de *sǫ̈rfœ̨*, cerfeuil, usité partout sauf *-ẹ̄y* de quelques témoins 11 a, d, 12 a, b, 15 a, le français *sẹ̄rfœ̨y* n'ayant été repris que par 11 c, et de gésier c. 388, mot aux formes très troublées, v. p. 42, mais qui présentent presque toutes un *o* dans la syllabe initiale ; et l'on peut rappeler encore « raison, saison », dont l'*ǫ̈*, dans les formes *ṙǫ̈jǭ, sǭ* — 1-8', 11 a, *ṙǫ̈hǭ, s* — 9-11 b, 13-22 ne peut s'être développé que dans la région de Remiremont, cf. *Les Parlers*, p. 136. Parfois les deux vallées, en recevant un mot de cette région, l'ont adapté, et l'adaptation révèle l'emprunt, parce qu'elle a été faite d'une façon conforme aux correspondances phonétiques de ces divers parlers, mais erronée, si l'on tient compte de l'origine de ces correspondances. On a déjà signalé dans *Les Parlers*, p. 138, l'emprunt des représentants de *cuculla*, citrouille c. 193 : les parlers des deux vallées, en empruntant *kŏhŏl*, l'ont adapté, dans l'aire 8, 8', 16-22, en *kăhŏl* et, aux points 1-7, 9, en *kĕhŏl*, d'après les correspondances de nombreux mots qui possédaient étymologiquement un *a* ou un *e*, cf. *ibid.*, § 51. De même « étron », notamment dans le composé qui désigne le bousier c. 114 et p. 67, présente à la fois au point 12 et dans l'aire 16-22 une forme *ătrō̆* adaptée d'après *ŏtrō̆* de l'aire 11, 13-15, qui pénètre telle quelle au point 16. Joyeux c. 426 offre des faits analogues : à côté des formes reprises récemment au français, on voit aux points 11 et 15 une forme *jŏyŭ*, refaite elle-même sur un **joy* que je n'ai pas recueilli, mais que Hingre donne pour La Bresse : « *jõe*, joie », et qui, ayant pénétré dans les deux vallées, a été adapté en *jĕyŭ* encore attesté aux points 2, 7 et en *jăyŭ* du point 19, cf. aussi *jayoux* Hingre. De même *rsă*, ressort, au sens de piège, usité dans la vallée de la Moselotte, y est une adaptation de *rsŏ*, cf. p. 81. Enfin les formes d'« oignon », *ĕŋō* 1-10, 16-22 et *ăŋō* 12 sont également adaptées d'après *ŏŋō* de l'aire 11, 13-15, car si « oignon avait été pris directement au français, nos parlers n'auraient eu aucune raison de l'adapter ainsi. Le mot fr. « mode » se présente dans les deux vallées avec une sourde finale qui ne peut venir que des parlers de la région de Remiremont, cf. *mŏt* 2 c au *Lex.* s. v° semblant et *mõte* Hingre qui ajoute l'observation suivante : « C'est un exemple rare en *bressau* de la substitution de la forte à la douce. » En sens contraire, dans toute l'aire 1-8' et au point 20, « caisse » se dit *kĕz* avec une sonore qui résulte d'une fausse adaptation de « caisse » emprunté à la région de Remiremont où, comme on l'a vu dans *Les Parlers*, § 31, les sonores finales s'assourdissent. Le traitement de « juste », *jœ̆t* 1-8, 19-22, *j* — 8'-18, avec sa voyelle *œ̆* généralisée et la chute d'*s* même dans la vallée de la Moselotte, s'expliquerait difficilement, si le mot n'avait pas passé par le parler de Remiremont. De même doit s'expliquer la diffusion de formes très particulières et présentant des traits d'origine plus ou moins obscures : *bŏkŭlō̆*, adaptation du fr. boquillon, p. 20, *ĕmŏlĕt*, omelette, p. 75, les différentes formes d'« almanach » avec groupe initial *ŏrm* —, p. 36, les deux formes d'aubépine c. 56 qui se partagent notre domaine *ŏbrĕpĭn* 1-8' et *ŏgrĕpĭn* 11-22 (avec *ė* 10), cf. *Les Parlers*, p. 131. *bwŏn*, borgne, usité partout, *bŏrn* n'ayant été employé que par 11 a.

Mais si, comme la géographie de la région le suggère et comme les faits précédents le démontrent, Remiremont a été fréquemment l'intermédiaire entre le français et les parlers de notre domaine, la déchéance de son parler que nous avons déjà signalée, cf. aussi *Les Parlers*, § 86 et p. 323, lui a fait perdre son rôle de parler directeur. On sait que ce fait, loin d'être particulier à notre région, s'est produit dans l'ensemble des parlers français, notamment dans la région septentrionale de la France, et M. Gilliéron, faisant allusion à la disparition des centres régionaux, *op. laud.*, pp. 14 et 58, parle même sans restriction de la « France linguistique ».

La conséquence de cet état de choses, c'est que nos parlers s'adressent directement au français et que les emprunts les plus récents se présentent sans cohésion : les adaptations se font de façons très variées, les mots empruntés sont disséminés. La grande variété des adaptations apparaît notamment dans le traitement de bécasse c. 90, boucle c. 106, buffet c. 127 (v. aussi armoire c. 44), catéchisme c. 138, charpentier c. 162, écrevisse c. 276, échelon c. 265, étamer c. 314, fer-blanc c. 341, fléau c. 350, « flûter » au sens de siffler c. 710, gravier c. 396, jusque c. 430, « ménager » au sens d'épargner c. 304, moustache c. 512, printemps c. 616, puisque c. 621, rideau c. 660, vilebrequin c. 793, il voyage c. 809, « villette » au sens de vrille c. 810, v. aussi le cas de « bonnet » p. 29. La dissémination des mots empruntés se constate dans la substitution de *fwin*, fouine, à la forme plus ancienne *fin* dans les deux aires séparées 1-6 et 10, 11, 15-18, v. p. 66, celle de *mĕtsī*, médecin, à *mĕdĭsyĕ̃*, *-ĕ*, v. p. 49, dans les deux aires séparées 1-4, 6, 7 et 10-17, celle de *pĕrdri*, perdrix, à différentes formes locales dans les quatre aires 1-3, 10 et 11, 17, 22, v. p. 67, la pénétration d'*ĭrŏdĕl*, hirondelle c. 410, à la fois autour de Remiremont et dans la partie haute des deux vallées et celle de « jardin » c. 414 aux points 2, 4, 7, 12, 20, etc. Ces exemples, qu'on aurait pu aisément multiplier, montrent à quel point Remiremont est aujourd'hui déchu de son rôle de centre directeur. Mais cette diversité avec laquelle nos parlers empruntent et adaptent, diversité telle que deux mots aussi étroitement apparentés que « rabot » et « raboter » ne se superposent pas partout, cf. la c. 633, et que l'aire 1-10 qui dit surtout *răbŏ* dit à la fois *răbŏtă* et *rĕbŏtă* et que le point 2 connaît même les quatre formes *rĕbŏ*, *-tă*, *răbŏ*, *-tă*, a une autre cause qu'il ne faut pas méconnaître :

cette cause, c'est le fait que tous nos patoisants sont bilingues et, par conséquent, peuvent recourir librement et individuellement au français. Ce recours se produit avec moins d'ampleur dans les localités où le patois est vivace; mais à Remiremont notamment, où il n'est plus pratiqué que par quelques personnes, toute norme a disparu et le champ est ouvert sans limite à l'usage individuel. De là, dans toutes les localités, mais surtout à Remiremont, tant de faits individuels dont nous avons signalé un certain nombre dans les pages précédentes, et qu'on peut relever à propos de tant de mots dans l'*Atlas* et le *Lexique*.

En conséquence, on est amené à reconnaître que d'un simple accord géographique on ne peut pas régulièrement conclure qu'un emprunt a pénétré par l'intermédiaire de Remiremont, car il a pu être fait directement en différents points, comme on vient d'en voir des exemples, et l'accord actuel peut n'être que le résultat d'une propagation à travers tout le domaine. Tout ce qu'on peut affirmer de faits tels que l'accord unanime de nos parlers dans l'emprunt du masc. « fou » p. 95, la substitution à peu près complète de *wĕzī* à la forme locale p. 58, le traitement identique que revêt le fr. « poche » avec *ŭ* au sens de poche, *pŭě* 8'-18, *pŭe* 1-8, 19, poche c. 589 et avec *ǒ* au sens de louche, *pǒě* 1-8, 19-22, *pǒe* 8'-18, c'est qu'ils attestent l'étroite relation qui a uni tous nos parlers. Sans doute, quand la forme déborde à peine de la région de Remiremont, dans les deux vallées, p. ex. *fĕr*, fer c. 340, qui ne comprend que les points 8', 9, 11, 13-16, il est vraisemblable qu'elle vient de cette région ; mais d'une façon générale, et à défaut d'autre preuve, on ne peut pas l'affirmer.

Si l'on doit renoncer souvent à reconnaître avec certitude la voie suivie par les emprunts, la pénétration du français a d'autres aspects géographiques qui méritent d'être signalés.

La poussée du français s'exerce parfois avec une telle vigueur qu'elle ne laisse subsister la forme ou le mot ancien que dans quelques localités ou même dans un point isolé. Dans ce cas cette forme ou ce mot se réfugie ordinairement dans une des parties extrêmes du domaine, cf. p. ex. *mwĕr*, *pwĕr* 19, 21, 22, p. 37, *v(e)hĭ* voisin, 20, 22, p. 58, *ĕĕpŭ*, charpentier, 1, 2, id., *tyœ̆*, cœur, 19, 20, 22, p. 62, *rĕyĭ*, radis, 1-3, p. 68, *grĕbœ̆s*, écrevisse, 12, 22, p. 43, *d(ĕ)gră*, escalier, 22, p. 71, *bœ̆*, buis, 2, p. 68, *pœ̆s dǒy*, pouce, 2 b, p. 62, et au seul point 12 *rǒsyœ̆*, rossignol, p. 67, *ĕĕāy*, orteil, p. 62, *lā*, lard, p. 33, *pŭrăt*, poireau, à côté de *pŭrŏ* des autres localités, *kwĕtrė vī*, quatre-vingts, p. 53, etc.

Mais, par suite de la déchéance du parler directeur et du manque de cohésion qui en est résulté entre les autres parlers, on ne doit pas être surpris de voir parfois l'emprunt français laisser subsister le mot ancien dans des localités disséminées, comme dans le cas d'*ĕpĭnœ̆ĕ* 1, *-œ̆s* 9, *épinoche* La Bresse à côté d'*ĕpĭnār*, ou d'*ĕrĭvĕ* 13, 14, *airivė* La Bresse à côté d'« arranger », cf. p. 104 note.

Bien que la localisation des emprunts se présente avec une très grande variété, comme on doit s'y attendre en matière de faits lexicaux, il est cependant possible de dégager quelques traits généraux. C'est naturellement Remiremont et ses environs immédiats qui se montrent le plus accueillants, et, dans les deux vallées, ce sont les villages les plus proches du débouché qui s'y joignent le plus souvent. D'autre part de ces deux vallées c'est celle de la Haute-Moselle qui cède le plus à la poussée du français ; et ce fait s'accorde avec la géographie de la région, car la vallée de la Haute-Moselle a été, de tout temps, une voie de passage vers l'Alsace et vers la Franche-Comté plus fréquentée que sa voisine, qui n'est reliée à l'Alsace que par des chemins de montagnes et aux vallées limitrophes que par des routes construites récemment.

Toutefois les mots adaptés, qui ne sont, comme on l'a vu, que des emprunts que les parlers ont accommodés plus ou moins complètement à leur milieu linguistique, soulèvent une difficulté ; quand un mot emprunté revêt dans une partie des localités une forme fortement adaptée et dans les autres une forme plus proche du français, il est parfois difficile ou même impossible de décider si celle-ci a fait disparaître une forme plus ancienne ou si les parlers qui l'emploient n'en ont jamais connu d'autres : tel est le cas d'« acier » p. 73, de m a r q u e r c. 481, de « soufre » p. 29, de « sucre » p. 30. Tout ce qu'on peut conclure, c'est que les localités qui emploient la forme française sont, sur ce point, plus accueillantes que les autres.

Dans la dissociation actuelle, les localisations les plus variées et, il faut le dire, les plus contradictoires apparaissent ; et, bien que les vallées sont généralement plus conservatrices que la région de Remiremont, on y trouve parfois des formes plus récentes, et sans qu'il existe de cause apparente qui justifie ces emprunts ici plutôt qu'ailleurs. Si notre interprétation est exacte, *dă*, doigt de 19-12 (comme *dǒ* de 12), est une forme adoptée et plus récente que *dǒy* des autres localités, p. 62 ; on a vu aussi la pénétration de *pwèrye*, poirier, dans l'aire 1-6, p. 68, celle de *jěnis*, *je-* dans l'aire 1-8, p. 64, le succès de *nètwăyè* dans l'aire 16-22, p. 78, celui de *fèt* et d'« apprivoiser » dans les deux vallées, pp. 77 et 108, le recul d'*ăr* « du jour », aube, dans les localités 1-4, 16-22, p. 70, celui de *rèe*, *-j*, crible, qui ne subsiste que dans l'aire 11-17 et sous une forme légèrement différente à La Bresse, p. 81, celui de *wèrdyè*, verglas, attesté seulement aux points 8, 8', 9, 11 et sous les formes *-ă*, *vŏrdyă* au point 12, p. 70, ceux de *sŏmœ̈r*, saumure, et de *fyèe*, *-ē*, fiel, qui résistent surtout autour de Remiremont, pp. 75 et 65. Dans quelques cas, très rares, il est vrai, Remiremont, malgré la déchéance de son parler, est même le seul point qui conserve la forme la plus ancienne : *eüt*, sourd, p. 63, *rǒ*, roitelet, de quelque façon qu'on explique les autres formes, p. 67, peut-être *jă*, geai, *ibid.* D'autres mots se prêtent à des interprétations diverses : nous avons vu les cas de *myǒ*, muet, de 13 et *myăt*, muette, de 12, p. 63, de *jū*, juin, de 14, 15, p. 69 de *tyǒy*, claie, de 12 b, 13 a, p. 90, et on y peut ajouter *dyǒnè*, glaner, du seul témoin 11 b, à côté de *rèmèsă*, *-ăsă* « les épis » des témoins interrogés dans les localités 1-7, 16, 17, et de *pŭnăe* de 11 a, c, *-ăę* de 11 b, 13-15, punaise.

Enfin, conformément à l'observation de M. Gilliéron, *op. laud.*, p. 51, que les patois qui sont dans le voisinage le plus rapproché du français ont aussi la phonétique assimilatrice la plus accentuée, il arrive assez souvent que Remiremont et les localités qui gravitent autour de cette ville ont adapté les emprunts plus fortement que celles des deux vallées; en effet les parlers qui se sentent le plus menacés par le français peuvent éprouver davantage le besoin de réagir. Le fait contraire se produit aussi, cf. p. ex. le cas de fourchette c. 359; mais il ne détruit pas le sens de l'observation faite par M. Gilliéron et que confirment les faits que nous allons indiquer. Nous venons de voir plus haut quelques mots qui peuvent s'interpréter ainsi, mais, en dehors de ces cas douteux, il en est d'autres dont l'explication est assurée, notamment des mots pourvus des suffixes -ier, -ière, -et : *eǒdrǒnèy*, chaudronnier, 11 a, b, 14, 15 à côté de *eǒdrǒnè* 1-8, 19-22, *e-* 8', 11 c, 12 a, 16-18, *-ènè* 13, *săbǒtèy*, *sǒbǒ-*, *sǒl-*, sabotier c. 674, *tǒnlèy* 11, 14, 15, *tănlèy*, 12, tonnelier c. 756 (un seul témoin des deux vallées, au point 2, a créé également *tǒnlè*), *rǒzèy* de 11 a, 12 a et *brăkŭnèy* de 12 a seulement à côté de *rǒzyè*, *brăkŏyẹ̊* des autres témoins, *sŏlẽr*, salière de table c. 679 de 11 seulement, *ẽrŏzŏt*, arrosoir de jardin, de 11 a-c, 13, 14, *-ăt* de 12 à côté d'*ẽrŏzẽt* des autres localités, *ẽvyŏt* de 11, *vĭyăt* de 12, *vĭlyăt* de 16, vrille c. 810, p. 18, *tŏbŭrŏ*, tabouret, escabeau, de 11, 13-15, à côté de la forme ordinairement usitée *tăbŭrẽ*, *tăbŭrŏ* étant cependant attesté à 8, 8′ et *tẽ-* à 3, 6, 9, 10, *fŏgŏ*, fagot, de 11 b, 13-15 à côté de *făgŏ* des autres témoins, *rŏbŏ*, rabot c. 633, de 11, 13-15 à côté de *răbŏ*, *rẽbŏ* n'ayant été employé qu'au point 2, *krŏɛŏ*, crachat c. 223, à Remiremont seulement, une forme moins adoptée *krăɛŏ* étant également usitée dans les localités environnantes. 9, 13, 14 et à Remiremont même, *trẽnẹ́*, traîneau c. 762, de Remiremont seulement, *kœ̃sĩ*, coussin c. 218, de 13, 14, tandis qu'ailleurs on dit *kŭsĩ*, et *kŭsẽ*, cf. p. 24, *mwẽn*, manne, de 11 a et *bŏsŏ*, bonsoir, de 11 a-c, pp. 31 et 77, *jọ̃tĭ* de 13 et *jẽtĭ* de 12 à côté de *jătĭ*, gentil, du reste du domaine.

CINQUIÈME PARTIE

LE FRANÇAIS RÉGIONAL

L'étude de la pénétration du français dans nos parlers nous amène à traiter du français populaire ou, suivant un terme dont la clarté nous semble plus grande, du français régional. Ce n'est ni un parler distinct par sa structure interne ni un parler uniforme, puisque c'est, comme on sait, le français commun, modifié par les dépôts qu'y laissent les parlers locaux. Il est même beaucoup plus varié et plus individualisé que ceux-ci; car le français des sujets parlants reflète l'instabilité du milieu linguistique. Or on peut dire qu'actuellement elle est, dans notre région et vraisemblablement dans la plus grande partie de la France, portée à son plus haut point; les immenses progrès que fait le français sont en effet très variés suivant les générations et les couches sociales. Si presque tous les patoisants de notre domaine sont bilingues, ils le sont naturellement à des stades très divers, et la grosse masse de la population qui, dans les centres, n'utilise plus que le français, et pour ne parler que des gens nés dans le pays, est de son côté plus ou moins éloignée du patois. Combien y a-t-il, par exemple, de bourgeois de Remiremont, originaires de cette ville, qui aient non pas parlé, mais entendu parler le patois chez eux ? C'est une situation qu'il faut avoir présente à l'esprit pour interpréter exactement les faits cités plus loin. Et cependant les parlers régionaux, qui sont destinés à conserver les dernières traces des parlers locaux après l'extinction de ceux-ci, possèdent quelques traits généraux : c'est ce qu'on appelle l'accent régional et les termes ou constructions qui, pour des raisons diverses, passent pour être régionaux[1].

1. Plusieurs des faits cités, notamment des faits lexicaux, se retrouvent ailleurs et peuvent, par conséquent, avoir pénétré du français régional dans les patois : ils méritent cependant d'être relevés, même s'ils sont moins caractéristiques que les autres faits.

L'accent régional est constitué par l'articulation des phonèmes et par un autre élément qui, bien que très vivement senti, n'a pas été jusqu'à présent décrit avec une précision scientifique, à savoir la modulation de la phrase. Le premier lui-même ne l'est que grossièrement et insuffisamment, si on n'a pas recours à l'observation instrumentale ; aussi mes données sont-elles limitées, comme cela m'est arrivé pour la description des phonèmes des patois, cf. *Les Parlers*, I sq.

Dans l'articulation des voyelles, un trait commun à tous nos parlers, et qui dépasse de beaucoup notre domaine, est l'allongement très sensible des voyelles longues : c'est ce qu'en somme entendent les personnes qui disent que les Lorrains « traînent en parlant ». Un autre trait commun à notre domaine et aux régions voisines de la Lorraine (mais non de la Franche-Comté), c'est l'articulation très ouverte de la nasale *ǒ̃*, qui est ainsi très proche d'*ẵ*. Ce sont deux particularités dont, pour ma part, je n'ai pas corrigé mon langage. Les suivantes sont moins générales; les unes ne se présentent que dans quelques localités, et celles qui sont connues dans toutes ou même au delà sont étrangères au parler de beaucoup de gens, patoisants ou non, soit qu'ils ne les aient jamais employées, soit qu'ils les évitent volontairement pour se rapprocher du français commun.

Partout les voyelles ouvertes et longues du français *ę̀*, *œ̀*, *ǫ̀* sont prononcées fermées et, de même dans beaucoup de mots, *ǫ̀* devient *ọ̀* : on dira par ex. *pẹ̀r*, *bœ̣̀r*, *ălọ̀r*, *kọ̀l* (colle), et cette prononciation passe pour être une des plus typiques du français lorrain. Elle donne au prénom *pǫ̀l*, Paul, un caractère si nettement local que, bien que je ne me souvienne pas d'avoir jamais prononcé ces voyelles autrement qu'on le fait en français commun, je dis *pọ̀l* en parlant des gens de mon pays, et qu'il me paraîtrait presque ridicule de les appeler *pǫ̀l*. Par adaptation inverse on dit *pănkǫ̀t*, Pentecôte.

Un autre traitement, assez répandu, est la prononciation ouverte des voyelles *ọ̀* et *ẹ̀* dans des mots tels que sot, pied ; j'ai, moi-même, dû me corriger, vers onze ans, de cette prononciation, dont mes camarades de collège, à Remiremont, se moquaient, et cependant je continue à dire p. ex. : *ălę̀*, allez, pris exclamativement, *ę̀lę̀gẵ*. L'origine en est douteuse : elle vient soit de Remiremont où le suffixe *o* = fr. et se prononce *ǫ̀*, cf. p. ex. *bŭcǫ̀*, bouc, et le suffixe -ier se dit -*ę̀*(*y*), soit peut-être d'une modification due à une fausse correspondance phonétique amenée par le sentiment que le français prononce la voyelle avec plus d'ouverture que le patois.

La prononciation *we* du groupe français *wa* est encore prédominante dans les milieux paysans ; mais là même *wa* a gagné beaucoup de terrain.

Bien que les patois commencent à employer la nasale française *œ̃*, comme on l'a vu p. 22, cependant le français régional dit fréquemment *ẽ*, surtout dans « un » article et nom de nombre.

La nasale *ã* devant une consonne palatale est suivie d'une résonance *ṅ* dans l'aire 19-22, dans le français local comme dans les patois, cf. p. 21.

La nasalisation des voyelles devant *n*, *m*, particulièrement répandue dans les patois de l'aire 1-10, cf. p. ex. chaîne c. 149, persiste fréquemment dans le français de cette aire, et j'ai eu personnellement du mal à me défaire de prononciations telles que *lẽn*, laine.

Parmi les consonnes on peut signaler que *h* s'emploie aussi dans le français régional et qu'on entend p. ex. *hǫ̈t*, hotte, *hāɛ*, etc. L'articulation de l'*r* est naturellement la même en français et en patois; cependant l'*r* du français commun est la plus répandue dans les milieux qui ne parlent plus patois, et l'*r* vélaire de la région de Remiremont, cf. *Les Parlers* p. 3, et qui est aussi un des traits du français lorrain, ne s'entend que dans le langage des patoisants et de la classe inférieure des villes : la bourgeoisie ne l'emploie pas. L'usage des liaisons est, dans l'ensemble, analogue à celui des patois, c'est-à-dire plus restreint qu'en fr. commun, cf. *Les Parlers* § 30 ; cependant on entend souvent « ça z est » d'après le type patois, cf. *ibid.*, p. 47. Le groupe *wa* est, nous venons de le voir, assez usuel; mais il amène des groupes inconnus aux patois et par conséquent difficiles à articuler. On a vu, p. 22, *ãpwāyẹ*, employer, du témoin 5 c, forme qu'on entend assez fréquemment; on en peut dire autant de *twā*, trois. Par contre c'est d'après le modèle des patois qui font tomber *v* dans le groupe *vwe* qu'on dit généralement *wār* ou *wẹ̄r*, voir, etc.; c'est aussi d'après la forme locale de cheval c. 179 qui présente presque partout un *w* : *ɛwǫ́*, *ɛwǫ̈*, que le pluriel chevaux se dit souvent *ɛwǫ́*, tandis que le singulier *ɛwăl* est plus rare. A Remiremont et dans ses environs immédiats, l'assourdissement régulier des sonores finales, p. 21, est également usuel dans le français de la bourgeoisie elle-même, notamment dans le suffixe « -age ». De même que les patois adaptent avec *ly*, *l* des mots français pourvus d'un *y* issu d'une ancienne *l* mouillée, le français régional dit *pŭlălyĕ*, mot que je prononce toujours ainsi, et je me rappelle avoir entendu au Thillot le nom propre *fĭlyœ̆*, comme le nom commun dont il vient; *jŭlę̆*, juillet, *bŭlī*, bouillie, *fămĭl*, famille, sont moins usuels. *ălyœ̆r* est particulièrement intéressant, car il est employé dans le français des deux vallées, qui ne peut l'avoir reçu que de la région de Remiremont, puisqu'il n'existe que dans les patois de cette région. Par adaptation inverse on dit couramment *sŭyè*, soulier, prononciation que je n'évite encore aujourd'hui qu'avec effort.

Considérant, pp. 21 sq., les sons du français et la façon dont nos patois les traitent, nous avons admis qu'ils les adaptent d'après leur propre prononciation, et nous avons cité un certain nombre des faits qui viennent d'être relevés ici. On pourrait objecter que nos patois n'ont pas eu à faire de transposition pour ceux des phonèmes qui présentent le même traitement que dans le français régional, p. ex. dans le cas des consonnes assourdies à Remiremont ou celui des voyelles *ę̀*, *œ̀*, *ò* modifiées en *ę̆*, *œ̆*, *ŏ*. Mais on ne doit pas oublier que le traitement du français régional vient lui-même du patois, et que par conséquent la question est simplement déplacée. L'objection serait cependant valable, si la prononciation du français commun était totalement inconnue, mais nous avons dit qu'elle tend à devenir usuelle. Il résulte de cette situation qu'actuellement on ne peut pas reconnaître avec certitude quelle voie ont suivie les mots qui contiennent les phonèmes en question.

Il existe un certain nombre de mots isolés dont la prononciation en français régional provient de celles des mots correspondants dans les patois. *ę̆grĕvis*, *glŏd* doivent leur *g*, *blŭk* sa métathèse aux formes anciennes de ces mots, *bŭsę̆*, pousser, son *b* à un croisement d'origine obscure ; nous avons déjà eu l'occasion de traiter de ces mots p. 43 ; toutes ces formes sont assez usuelles dans toute la région, on entend de même *gī* à cause du patois *géy*, quille, *năvę̆*, navet d'après *nę̆vę̆*, formé avec le suff. *ē* = fr. *eau*, cf. a. fr. *naveau*, *mŏrĭẓ*, Maurice, à la fois dans le nom de saint et de localité Saint-Maurice et dans le prénom, *grăvăt*, cravate, d'après *grę̆vŏt*, forme que je n'ai recueillie que dans l'aire franc-comtoise, mais qui doit exister dans notre domaine, cf. *grawakhe* Hingre. *ăkŏ*, encore c. 291, est fréquent d'après les formes patoises sans *r*, de même que *bŏjŭ*, bonjour, d'après les formes anciennes de « bonjour », cf. p. 77 ; *sŏldă* est la forme courante, sans doute d'après les nombreux mots patois en *a*, notamment ceux qui ont le suff. *-ā* = fr. ard, et on entend aussi *čŏkŏlā*. *pănkŏt*, Pentecôte, francisation d'une forme patoise que je n'ai pas recueillie, mais attestée par *pènecóte* de Hingre, appartient à toute la région et, comme *sŏldā*, fait partie de mon parler. *ălmănăk*, almanach c. 29, *tăbāk*, *pŭsĕ*, poussin, c. 604, *pĕjŏ*, pigeon c. 578, *kăŭl*, citrouille c. 193, sont plus rares, surtout les deux dernières qui, si elles ne sont pas propres aux témoins qui les ont employées, sont en tout cas d'un usage restreint.

Les faits lexicaux sont de leur nature plus variés que les faits de prononciation, et l'état actuel de nos parlers augmente encore ce caractère dans le lexique du français régional. En effet celui des patois est, comme on a pu s'en rendre compte, loin d'être uniforme, et si on ajoute à cela qu'une grande partie de la population indigène ne parle plus patois et que les patoisants eux-mêmes ont des relations très diverses avec le français, il en résulte qu'il est difficile de relever des termes appartenant à tout le français régional de notre domaine. Bien plus ce français est infiniment mouvant, car tout patoisant peut, à l'occasion, introduire, plus ou moins adapté à l'usage du français, tel mot de son patois pour lequel il ne connaît pas l'équivalent français, ou quand celui-ci n'est pas présent à son esprit. Aussi je ne me propose de donner ici que les faits qui semblent le plus typiques, et encore la majorité des exemples provient-elle de la région de Thillot, où j'ai été élevé.

Le lexique patois, en alimentant le français régional, est généralement modifié d'après le sentiment qu'ont les patoisants des correspondances phonétiques, mais parfois aussi, et pour des raisons diverses, il est employé tel quel.

Une partie importante des mots empruntés par le français régional aux patois désigne des objets qui n'ont pas de termes propres en français commun; dans d'autres cas ce terme existe, mais reste inusité. Le scieur de profession se dit partout *sāgār*, et le mot s'imprime couramment, cf. scieur *Lex.*; il en est de même de la *ĕlīt*, espèce de traîneau pour traîner du bois, cf. traîneau c. 762, qui dépasse de beaucoup notre domaine. *charpagne*, panier en écorce de noisetier, s'emploie partout, et sert même à Hingre pour traduire *charpaigne*, cf. aussi la c. 550. Le levier en fer, qui s'appelle pince en français, et qui, dans nos parlers, est désigné par un composé *pŏ* = lat. *palus* + « fer », déjà refait en *pŏfĕr* dans les patois de la région de Remiremont, où *fĕr* a éliminé la forme locale de « fer », cf. p. 73, se dit couramment *pŏfĕr* autour du Thillot. On y emploie aussi *ẽsẽ* pour le petit bardeau c. 83 et cf. *Les Parlers*, pp. 61 et 109, et *ramé* pour la couverture de bardeaux contre le mur, c. 85 ; Hingre s'en sert pour traduire la forme patoise : « ramwaue, ramée... ». Le mot d'origine incertaine *jwāy*, etc., cf. *Les Parlers*, p. 66, qui désigne les deux poutres horizontales qui maintiennent les montants auxquels les bêtes sont attachées dans l'étable devient *jué* dans le français régional. On y emploie couramment *fūnė* = fourneau au sens de feu qu'on fait dans les champs pour brûler les détritus des récoltes, cf. *ibid.*, p. 235. Le récipient à long manche destiné à verser l'eau de lessive sur le linge, cf. la note de la c. 238, s'appelle dans les patois de la région du Thillot d'un dérivé de « buer » *bŭrŏ*, mais le français local l'appelle *gŏmė*, mot d'origine obscure, qui doit provenir de la région de Remiremont où il est seul usité, même dans le patois ; à Vagney aussi, malgré l'existence d'un mot patois *bėnŏ*, il s'emploie dans le français local. Le gâteau de Noël, désigné par un dérivé de « coin », v. p. 99, est appelé *kėŋœ̄* au Thillot et dans ses environs, avec la prononciation de ce mot à Remiremont. Les noms de mesures conservent beaucoup de termes locaux : « jour », mesure de terrain, « corde », mesure de bois, « boisseau » et *rzal* d'après le terme local, mesure de céréales et de pommes de terre, *liv* au sens de franc. L'estomac de veau, désigné partout par un terme d'origine obscure, c. 312, est souvent adapté en *kwăjė* dans la région du Thillot, où on dit aussi usuellement *ęăkœŋ* pour le cône du sapin, c. 204, et *tătyŏl* pour la semence de pomme de terre. Les jeux sont particulièrement abondants en termes locaux : *rkiyė* et souvent *rgiyė* cf. p. 263, est fait d'après le patois *rgẽyė*, et, dans ce jeu, on emploie, pour indiquer que deux ou plusieurs joueurs sont à égalité, un mot patois d'origine obscure *rẽpyŏ* 1-8, *-ă* 18-22, *răpyŏ* 11, qu'on francise en *răpŏ*. Le jeu de cache-cache, c. 131, se dit couramment « cachette », terme que je connaissais seul, à une date encore récente [1]. La toupie s'appelle *pidŏl* d'après le patois *pidŏl* usité partout sauf *-ŏn* 18. *ęlk* est le mot de toute la région pour désigner

1. M. Brunot, n. 4, p. 32 du tome I de son *Histoire de la Langue Française*, déclare qu' « après plus de vingt ans passés, sauf de courts séjours annuels, hors de ma province, et loin de ma famille, j'use en parlant de plus de deux cents lotharingismes ». Sans doute M. Brunot comprend non seulement les faits lexicaux, mais ceux de prononciation et de grammaire ; même ainsi ce chiffre ne laisse pas d'être considérable.

les billes, mais il dépasse notre domaine, puisque le Dict. gén. le donne comme vieilli et dialectal, s. v. *chique* : le rôle du patois a consisté ici à maintenir le mot dans le français régional qui le lui avait fourni. Les trous que les enfants font pour y lancer les billes s'appellent *gǒ* dans les deux vallées, à Remiremont on dit *gǒs* (fém.), en patois et en français. Le mot *bŭskăy* que j'employais dans mon enfance et qui est encore usuel pour indiquer qu'une bille a été arrêtée par un obstacle et qu'on demande le droit de recommencer ou de placer sa bille plus loin contient le v. *bŭsẽ* dont il a été question p. 124 et une forme *kăy* qui se rattache d'une façon obscure à « caillou ». Pour abuter, les enfants disent au Thillot *ẽblūtyẽ*, *j ẽblūti*, cf. *blūtié* Hingre, qui est né d'un croisement du fr. abuter avec le patois *ẽblūtyẽ*, cf. la c. 263, et, pour manquer le but, le v. *ɛǽlẽ*, cf. p. 103. Ils jouent aussi avec un petit bâton taillé aux deux bouts appelé *kẽnẽ* et qu'ils lancent avec une palette appelée *pălǒt*. Le jeu des osselets, qui se joue avec de petites pierres, se dit *pyẽrǒt*. Le mot patois qui signifie visite, réunion, c. 795, passe pour être un des mots caractéristiques des parlers lorrains, comme on l'a indiqué dans *Les Parlers*, p. 315 ; aussi dit-on autour du Thillot : « je vais... au *kwărẽj* ou *-j* », il est vrai, souvent en plaisantant. C'est également d'un usage courant de dire les *hauts* en parlant de la montagne et de désigner les creux qui se trouvent entre deux collines par le mot *băs*, en patois *bẽs*. Parmi les noms d'animaux, l'orvet s'appelle *ăvǽ* au Thillot, si bien que je n'ai connu le mot français que tardivement. Les enfants y francisent le mot patois de hanneton c. 405 en *bẽrlẽkẽkẽ* ou *bẽrlẽ*, tandis qu'à Remiremont on dit *mǽrĭ*. « mite » est inconnu ; on ne dit qu'*artison* ou *artisan*, avec une substitution de suffixe ou peut-être un croisement de mots mécanique, c. 500 ; mais ici, comme pour *ćik*, le patois n'a contribué qu'à maintenir dans le français régional le mot qui y est ancien. *tǒs văɛ* est le mot usuel de la région du Thillot pour désigner la salamandre d'après le terme patois, v. p. 66. Parmi les noms des parties du corps, *bẽdǒt* y est fréquent, ordinairement en plaisantant, au sens de nombril c. 528, et, par extension, au sens de ventre, et on emploie aussi, pour désigner la rate, *mĭs* (f.) d'après le patois *mǽs*. La morve se dit au Thillot, soit *mɥɛŭ* (m.) d'après le patois *mŭẽŭ*, soit *nĭk* (f.) d'après une forme *nĭg* que je n'ai relevée que dans des localités franc-comtoises, mais dont Hingre donne le dérivé *niguẽ*, m., croûte de morve coagulée dans le nez : serait-ce le substantif d'où est dérivé le fr. *nigaud* ? Les boutons éruptifs, qui viennent sur les lèvres, se disent partout *mìkẹ̀* en français comme en patois. Quant à *mal blă*, pour désigner les abcès qui viennent aux doigts, si le patois dit de même *mỏ byă*, il ne faut pas oublier que ce terme dépasse de beaucoup notre domaine ; *pìsẽ̀t*, urine, de la région du Thillot, est fait d'après le dérivé féminin de ce « pisser » usité dans tout notre domaine, et c'est aussi le verbe commun à tous les parlers qui est représenté par *tosser*, téter, du Thillot et de Remiremont, cf. *Les Parlers*, pp. 26, 61, 100, et qu'on emploie surtout en parlant des enfants qui tétent leur pouce. *bœ̀lñ* est un adjectif courant au Thillot pour parler de quelqu'un qui a une mauvaise vue, qui a la berlue, et être *tŭrnœ̀* s'y emploie pour avoir le vertige. « faire veau » y est la seule expression connue d'après le patois *fār vẽ̀*, vêler. Le dérivé *pṍɛȍ*, louche de table, n'est pas caractéristique de notre région ; on le connaît aussi dans la Suisse Romande et ailleurs. La râclure des casseroles se dit au Thillot *rākl*ȍ*t* d'après le patois qui emploie des formes variées dérivées de « râcler » avec le suffixe *-ette* et dont la plus voisine de notre mot est *rākyȍt* 5 d. *pãnẽ̀*, pan de chemise, y est une adaptation à peine modifiée du patois *pãnẽ̀*. Un fruit coti, qui se dit en patois *tȍlă* 5 d, *tȍlẽ̀* 15 a, verbe qui a donné naissance à des dérivés signifiant ampoule, etc., se dit couramment en fr. pop. *talé*. *gȍlāy* qui signifie bouchée en patois est employé tel quel, même par des enfants qui ne comprennent pas le patois. Tandis que le fr. reprise tend à pénétrer dans les patois, le mot ancien, qui recule devant lui, *sărsĭ*, *rs-*, est assez usuel dans le fr. régional du Thillot. Le patois *pudẽ̀*, mendiant, p. 58, s'emploie assez souvent, mais en plaisantant ou avec un sens injurieux. A Remiremont, le retour de la fête c. 654 se dit *rko* d'après le patois qui est une modification de « retour » d'après « coup », cf. p. 77. « Au fond », au sens de « à terre », est tout à fait usuel au Thillot d'après la locution patoise citée p. 102. De même, en se brûlant, on dit *ɛȍk* d'après le v. patois *sẽ̀ ɛȍkă*, se brûler. La persistance de « septante » et de « nonante » est favorisée par la conservation de ces formes dans les patois.

Quelques locutions toutes faites entrent du patois dans le français. L'exclamation *kẽ̀ pȍsyȁs* ! quelle patience ! est fréquente, et à Remiremont même on entend dire en plaisantant *kȍɛ tŭ*, tais-toi c. 739. Pour dire adieu, au revoir, la locution *ă lă rwăyȍt* est usitée même au Thillot, bien que je n'aie recueilli le patois *ẹ̆ lĕ rwĕyŏt* qu'au point 15; quant à « à revoir » au lieu d'« au revoir », il dépasse notre domaine. On emploie souvent, mais surtout en plaisantant l'exclamation *lāsèmŏl, -ĕm-* 1-15, *-ăt* vallée de la Moselotte, déformation volontaire d'une ancienne exclamation telle que « las-moi », cf. *lăsse-mé-dée,* mon Dieu! Hingre.

Le français régional révèle parfois l'action du patois par une simple modification sémantique. Si mère, père, au sens de femelle, mâle d'oiseau, n'appartiennent pas en propre à notre domaine, on a vu, p. 104, n. 1, qu'arranger a pris le sens de soigner le bétail; et ce sens est si usuel dans le français régional que je l'ai longtemps employé comme étant du français central et que j'ai fait une carte arranger c. 46, sans me rendre compte de mon erreur. « Limaçon » a, dans la majorité des localités, le sens de limace c. 455, si bien que le français régional lui donne également ce sens et que Hingre traduit *lmèçon, lmẹ̆çon* par limaçon. De même « cumin » a partout, en français comme en patois, le sens d'anis. « fier » garde le sens d'amer c. 31, en parlant des fruits qui ne sont pas mûrs, d'après l'usage du patois, dans le français de Remiremont, et « douce » s'emploie au Thillot, en français comme en patois, pour qualifier l'eau tiède, cf. p. 77. « Puiser » a pris, dans tout le domaine, le sens de prendre de l'eau dans ses chaussures et s'y construit soit avec le réfléchi, soit avec le v. être et toujours avec un sujet de personne; conformément à ce développement, le français régional dit « se puiser » ou « être puisé »; et de même, d'après le patois, il dit : « entendre dur », au sens d'être sourd c. 724.

Enfin le français régional doit aux patois quelques traits grammaticaux. Sans doute le tour « leur-z-y », p. ex. dans « je leur-z-y dirai » n'est pas propre à notre région (je l'ai relevé dans l'Orléanais, et il existe ailleurs); cependant la formule « les-y » = leur, pronom personnel, cf. *Les Parlers,* p. 153, peut contribuer au succès de ce tour. De même la construction des pronoms personnels après l'impératif dans « dis-moi-le » dépasse de beaucoup notre domaine, puisqu'on l'entend même à Paris, mais l'unanimité des patois à employer cet ordre, cf. *ibid.*, ne peut que lui donner plus de force dans le français régional. Conformément à l'usage de tout notre domaine qui exprime l'adjectif démonstratif par l'article + le substantif + « ci » ou « là », cf. ibid., § 95, on entend partout et fréquemment des expressions telles que « l'homme-ci, la femme-là ». « Oh !

la fois-là ! » est une exclamation usuelle. De même le type du pronom démonstratif « l'autre-ci, l'autre-là » est assez usité ; on dit fréquemment des phrases telles que : « qu'est-ce qu'il veut, l'autre-ci ?... l'autre-là ? » On a vu p. 17 que, sous la poussée du français, la préposition de l'adjectif devant le substantif perd beaucoup de terrain. Cependant le français régional en garde d'assez nombreuses traces : au Thillot on dit couramment d'une personne qui a bonne mine qu'elle a « les rouges couleurs » ; 8′ a, en parlant du bouvreuil, a dit qu'il a « un gros court bec », 13 a, en parlant de la pivoine, qué c'est « un rouge bouquet », 21 a, à propos de *brŏkār*, que c'est « un mâle de sauvage chevreuil ». De même, malgré le recul du masculin de dent, v. p. 15, je l'ai parfois entendu autour du Thillot. La construction « avoir bien aisé, avoir bien facile de... » est très usitée dans toute la région, et je ne m'en suis corrigé que tardivement. « Avoir mal les dents », etc., est moins répandu. « Jusque » s'emploie couramment pour la conjonction jusqu'à ce que, et je dois me surveiller pour ne pas faire cette incorrection : mon enquête ne m'a pas fait relever cette particularité de nos parlers, mais je l'ai entendue dans des conversations. On traduit parfois curieusement en « une depuis » le patois *ẽn dẽpœ̃*, depuis c. 243, qui naturellement ne contient pas « une », mais est dû à une propagation analogique de la locution très usuelle *ẽ n sẽ kã*, il ne sait quand.

L'extension abusive de « voir » dans « regarde voir, dis voir, écoute voir », dépasse de beaucoup notre domaine et doit sans doute peu à l'adv. « voire », cf. donc c. 258 et p. 54.

Le français régional est essentiellement, avons-nous dit plus haut, le français commun modifié par les apports du patois. Mais, parlé comme il l'est actuellement, il serait surprenant qu'il n'eût pas quelques traits distinctifs et qu'il ne réagît pas sur le patois.

Au point de vue de la prononciation, le seul trait que j'aie relevé est celle du subjonctif du v. aller qui se dit couramment « que j'alle », évidemment d'après les autres formes du verbe, sans qu'il y ait lieu d'invoquer une action du patois. Par contre, les faits de lexique sont assez nombreux : que les mots en question aient été créés dans notre région même ou empruntés à une région voisine (la limitation de notre enquête ne permet pas toujours de le décider), on voit en tout cas que les patois ont généralement le sentiment que ce sont des mots français qu'ils emploient, et que pour cette raison ils ne les adaptent pas, même quand l'adaptation serait aisée. On a déjà vu plus haut, p. 34, le cas de « rossignolet », qui a nécessairement été créé en dehors de notre domaine, vu l'origine de ce dérivé. Mais le dérivé « arrosette », au sens d'arrosoir de jardin, et de celui de « bouse », *bǒzě*, très usuel aussi dans le français régional, sont des formations de ce français, sans modèle du français commun, cf. p. 34. Le mot qui désigne la vrille est remarquable ; car il est certainement ancien dans notre région, puisqu'il représente un dérivé « villette » attesté seulement en anc. fr., v. p. 19, et cependant les patois lui ont généralement gardé une forme française. Il faut encore signaler avec le suffixe -et(te) « bouquet » au sens de fleur, *bĕgĭnĕt* fréquent au sens de bonnet de femme, sans ornements et courant aussi dans le français régional, les formes de « muguet » *mŭgĕ*, *mĭgĕ* et surtout *mĭrgĕ* qui ont partout le sens de lilas, comme *mŭgĕ* dans le français régional, le nom patois de la narcisse, *dyŏdĭnĕt* 9, cf. aussi *diaudinète* Hingre, celui de la giroflée au point 6, *jŏnĭvyŏlĕ* et *jŏniviyŏlĕt*, *plăkĕt*, pièce de deux sous, et le terme qui désigne le jeu de la poursuite, *kŏlĭnĕt* indiqué par 5 d, et qui est le seul terme employé par les enfants au Thillot et à Remiremont. On a vu p. 91 l'emploi de *gămĕl* au sens d'écuelle et de soupière, l'expression « gâteau de ménage », expression qui est à rapprocher du fr. pain de ménage et faite sur ce modèle, et p. 89 le dérivé *siton*, la grande scie appelée en fr. passe-partout. Cf. ce que nous avons dit du terme « environ » au sens de tarière, *Les Parlers*, p. 309. Toute la région emploie « pot de camp » pour désigner un petit récipient en fer dans lequel les ouvriers emportent leur nourriture. Elle a donné aussi un développement sémantique particulier à *găf* en lui donnant le sens de gifle. On a déjà traité, p. 93, de *dŭvĕ* et de *plŭmŏ*. Le mot local dérivé d'« eau », *ŏvĕ*, évier c. 330, recule dans tout le domaine devant une nouvelle expression « pierre d'eau » qui a été créée par le fr. régional où il est très usité. Il en est de même du terme qui signifie mèche de fouet c. 485 et qui n'est autre, comme nous l'avons admis dans *Les Parlers*, pp. 77 et 106, que le participe passé « mise » : bien que, dans la majorité des patois, il ait subi des modifications phonétiques, le contact avec le fr. populaire est attesté, dans plusieurs localités, par le maintien de la forme *miz*. Pour désigner un distributeur d'eau, les patois emploient le mot « moine », usité aussi dans le fr. populaire du Thillot : cf. aussi dans Hingre : « *mwòne*, *mwòne-de-fontaine*, cylindre vertical dans lequel on fait monter toute l'eau d'une source pour l'en faire découler en la partageant entre plusieurs propriétaires, on l'appelle en français du pays *parteau*. » Cette indication est importante : en vérité « parteau » est le mot ancien et se dit en patois *pâtauve* pour lequel Hingre donne la même explication : « gros cylindre vertical qui sert à partager une fontaine en plusieurs coulants [ce sens de coulant est en effet régional ; je l'ai souvent entendu au Thillot pour désigner l'extrémité du tuyau par où l'eau coule] » ; c'est un composé très ancien de « part » de v. partir, au sens de partager, et d'« eau », et que j'ai recueilli sous des formes plus ou moins corrompues, cf. la note de la c. 271 écluse : c'est sans doute le sens concurrent qui m'a été indiqué : écluses qui servent à partager l'eau, qui a amené la création de « moine », création qui s'est faite dans le français régional, comme l'atteste la forme rarement adaptée du mot dans les patois. *dăl* a pris le sens de paroi c. 554 et s'emploie à la fois dans les patois et le français régional. A côté de l'expression locale *grŏ kŏ*, goitre, p. 63, « grosse-gorge » est usuel dans le français du Thillot, et un témoin de Remiremont, 11 a, l'a également employé dans son patois, ce qui indique que le parler de Remiremont le possède. On entend souvent « là où » = où interrogatif, sans que les patois connaissent ce groupement. cf. c. 541.

Etant données les relations étroites du français régional et des patois, il est parfois impossible de se prononcer sur le point de départ d'un mot ou d'un sens : est-ce le patois ou le français régional qui a donné à « ravauder » le sens de marchander, créé « blouson », blouse, attesté par 7 a dans son patois p. 92 et employé dans le fr. populaire du Thillot, l'expression « sonner en mort » pour sonner le glas (où la présence de la préposition *ă* dans la majorité des localités et de la forme *mŏr*, alors que toutes disent *mwŏ*, mort, cf. pour en les c. 284-287, montrent l'influence du français, mais ne prouvent rien pour l'origine de l'expression), le terme « lance-pierres », espèce de fronde, faite d'une petite fourche, à l'extrémité des deux bras de laquelle on adapte deux élastiques, tandis qu'à Remiremont *bălüstr*, qui a le même sens et qui a passé dans le patois de 13 *bălüs*, est visiblement du français, le sens de « cachette » pour le jeu de cache-cache, l'exclamation *üyă* pour marquer la douleur ?

Cette question que soulèvent même quelques-uns des mots cités plus haut est également sans réponse en ce qui concerne les différentes désignations de battoir à linge c. 86, cf. aussi *Les Parlers*,

p. 252, et la même obscurité règne sur l'origine exacte de mots tels que *tœ̄s* (f.), très usuel à Remiremont (inconnu au Thillot) au sens de peur, de *pŏtăs*, de la région de Remiremont, boue c. 107, ou de *mĭstō̆* que beaucoup de témoins ont donné en réponse à mendiant c. 489 et qui est courant dans la région du Thillot, pour désigner les vagabonds et les romanichels ? Il arrive même que le français régional emploie des mots peu ou à peine connus du patois, tels que « mouche à miel » et surtout celui qui désigne l'airelle, *brēbēl*, usité partout, tandis que tous les patois disent *blu*(*y*).

CONCLUSION

Au cours de l'étude qui précède, nous avons tenté, par la manière dont nous avons groupé les faits, d'en dégager différents caractères généraux. On ne trouvera cependant pas inutile qu'ils soient rappelés et réunis ici, de façon qu'un exposé, nécessairement rempli de faits de détail, ne fasse pas perdre de vue ces caractères.

Si pressante que soit la poussée du français, la morphologie des patois est cependant peu entamée. Le système des formes, principalement celui des formes verbales, constitue un tout cohérent qui résiste d'une façon presque surprenante à l'attaque et qui ne disparaîtra, on peut l'affirmer, que d'un seul coup et avec les patois eux-mêmes, par extinction, mais non par invasion.

Le système phonétique, lui aussi, est peu atteint : sans doute les patois,du fait du bilinguisme des patoisants,deviennent aptes à recevoir des sons ou des groupes de sons qui leur étaient étrangers. Mais plus généralement, au contraire, ils adaptent les sons du français à leur propre prononciation ; et c'est même cette prononciation qui donne au français régional quelques-uns de ses traits.

En somme, c'est surtout le lexique du patois qui est envahi par le français. Mais cette concurrence excite en même temps dans la conscience des patoisants le sentiment des correspondances phonétiques, et, en accueillant le lexique français en masse, ils en modifient les mots suivant le traitement qu'ont subi en patois les sons qui leur correspondent en français. Ces adaptations, très nombreuses, sont souvent erronées ou incomplètes, de telle sorte qu'on peut en établir l'origine, mais parfois aussi elles sont si complètes que seul quelque moyen externe fourni par l'histoire permet de les reconnaitre.

Le prestige chaque jour accru du français amène dans nos patois un véritable flot d'emprunts : les mots patois, un à un, cèdent le pas ; les uns sont attaqués dans tout le domaine, d'autres dans quelques localités seulement, d'autres ne reculent que faiblement, mais le nombre est très réduit de ceux qui tiennent bon partout et chez tous les patoisants.

Le renouvellement des techniques, parallèle à l'accroissement de l'usage du français, joue certainement un rôle important. Des causes d'ordre linguistique, telles que la concurrence de plusieurs mots locaux, les collisions homonymiques, la pléthore sémantique, l'affolement de certains mots encouragent souvent, de leur côté, les patois à recourir au français. Mais si les emprunts se multiplient au degré que nous avons constaté, la cause dominante, c'est le développement chaque jour plus grand de la pratique de la langue commune.

Dans un domaine qui a la configuration géographique du nôtre, la voie de pénétration normale doit passer par le centre civilisateur et remonter les vallées qui y aboutissent. Et nous en avons en effet relevé des preuves nombreuses et manifestes. Mais ce qui était vrai il y a peu de temps encore ne l'est plus aujourd'hui. Le parler de ce centre est à peu près éteint, le français est parlé partout et familièrement, aussi l'invasion se fait maintenant par la voie directe et presque individuelle. En conséquence, les parlers des patoisants tendent à se teinter plus ou moins fortement de français, suivant la pratique propre de chacun d'eux.

TABLE DES MOTS

NOTA. — Cette table ne contient qu'une partie des mots étudiés. On s'est borné à signaler, les numéros renvoyant aux pages, les mots patois et de préférence, pour simplifier les citations, les mots français de formes ou de sens correspondants, qu'il pourrait être difficile de retrouver, même avec le secours de la table des matières. On a donc laissé de côté presque tous les mots étudiés dans la première partie, où il est traité de la morphologie et de la syntaxe, et aussi la plupart de ceux qui se trouvent dans la subdivision du lexique intitulée *Prestige du Français*, pp. 53-79, où le classement par le sens rend les recherches aisées. On a jugé également inutile de renvoyer à la cinquième partie consacrée au *Français Régional*, dont les faits n'auront sans doute pas à être utilisés dans le détail.

TABLE DES MATIÈRES

QUATRIÈME PARTIE

CINQUIÈME PARTIE

MACON, PROTAT FRÈRES, IMPRIMEURS.

www.ingramcontent.com/pod-product-compliance
Ingram Content Group UK Ltd.
Pitfield, Milton Keynes, MK11 3LW, UK
UKHW021154260726
13994UKWH00001B/456